# 第四产业

Web3.0与数字化未来

数秦科技研究院 ◎ 主编
俞学劢 崔伟
张云霆 张金琳 ◎ 著

电子工业出版社
Publishing House of Electronics Industry
北京·BEIJING

# 前言

2022年4月19日，中央全面深化改革委员会第二十五次会议在京召开，会议强调，要全面贯彻网络强国战略，把数字技术广泛应用于政府管理服务，推动政府数字化、智能化运行，为推进国家治理体系和治理能力现代化提供有力支撑。要以数字化改革助力政府职能转变，统筹推进各行业各领域政务应用系统集约建设、互联互通、协同联动，发挥数字化在政府履行经济调节、市场监管、社会管理、公共服务、生态环境保护等方面职能的重要支撑作用，构建协同高效的政府数字化履职能力体系。这是国家改革顶层设计层面提及"数字化改革"。

从数字化变革到数字化改革，虽然只是一字之差，意义却完全不同。通常，变革是指系统地演进，渐进地推动事务的改变，词义更加温和。而改革，是对旧有的生产关系、上层建筑做局部或根本性的调整，突破原有的框架，实行流程再造和制度重塑，最终形成社会发展的新引擎、新动力。变革体现的是客观变化，而改革则在一定程度上展现了主动求变、主动应变的决心。

当前，全球处于百年未有之大变局，中美贸易战、新冠肺炎疫情（简称疫情）、俄乌战争、金融市场动荡等，人类社会面临着前所未有的挑战，原有的竞争格局正在失去秩序，矛盾激化，摩擦加剧。在这种复杂多元的变局中，在我们国家推行数字化改革，建立起一个更加高效的社会治理体系，发挥纵向执行力的体制优势，同时增加自治能力，增强整个系统的弹性，通过技术革命大幅提升横向协同力，实现大系统、大集成和整体智治。我们在新一轮数字化产业发展中拥有整体优势，这将确保我国在未来的竞争中立于不败之地。

近几年，区块链的发展已经完全摆脱了加密货币的窄小框架，进入了技术与产业发展深度融合的全新阶段。我始终认为区块链最核心的价值，是让竞争的多方，矛盾的多方，尤其是数字化环境下，超大数量级的"多方"快速达成共识，通过降低信任不对称的交易成本，建立更大范围、更高效率的协作网络。区块链和人工智能、大数据这些生产力科技不同，它的着重点是在协作关系上，是在横向协作力上的科技水平提升，我们可以将它定义为生产关系科技。生产关系科技推动了生产关系改革，区块链与数字化改革就在这样的时空交汇点上，产生了神奇的交集。

2021年2月18日，在春节假期后的首个工作日，浙江举行了全省数字化改革推进大会，部署全面推进数字化改革的工作，率先吹响了这场"硬核改革"的号角。作为一群区块链领域的技术创业者，我们幸运地在这个时空交汇点上，深度参与了一些数字化改革的项目。随着各种项目的系统化推进，我们欣喜地观察到，整个浙江政府，正在快速升级为一个在线化、平台化、电子化的数字政府，全省5500万名自然人、380万个企业、90%以上的行政事务，都可以通过"浙里办"这样一个统一的入口处理。和过去的电子政务、数字化转型、数字化变革不同，它实现了跨层级、跨地域、跨系统、跨部门、跨业务的在线系统闭环。面对一个复杂的巨系统，要实现这样的在线闭环，是极其不容易的。这个系统在应对疫情这样非常规的社会冲击时，发挥了极其重要的作用，是浙江实现精准防疫最重要的基础设施。

大系统、大集成和整体智治是数字化改革的建设目标，但这场生产关系改革不只是提升政府综合治理能力，我们越来越强烈地感知到，下一场数字经济发展的巨浪将由中国引导，正随着数字化改革及各种基础设施的完善呼啸而来。我们称之为"五化融合"：产业数字化、数字产业化、数字化治理、数据价值化、数字资产化。数字化改革通过区块链的深度融合实现制度重塑、流程再造，构建出新型的网络化、在线化的生产关系，并进一步释放人工智能、超级计算、分布式商业工具等先进生产力，突破传统土地、劳动力、科技和资本的要素瓶颈，实现超大规模数据要素资源的优化与配置，最终孕育出更大规模体量的数字经济 2.0。只有按照这个逻辑，才能真正突破原来的要素瓶颈，通过增量夯实改革成果。

本书的四位作者，都是一线创业者，数秦科技聚集了一群热爱区块链事业、以信链天下为核心使命的创业者，学劢、崔伟、云霆、金琳都在过去的两年中取得了不错的成绩，我们的很多工作是在无人区中进行探索，反复试错，艰难前行。本书是数秦科技团队在创业过程中的总结和感悟，时间有限，虽观点粗浅，但倾尽心力，期待能让行业人士产生一些思想碰撞。

高　航
2022 年 5 月

# 目录

## 第一篇 星星之火 从量变到质变

**第 1 章 算力激增与数据爆炸** /003

1.1 上一次"下线"是什么时候 /003

1.2 算力进万家 /007

1.3 数据无处不在又无处所在 /009

**第 2 章 从失控到自治** /015

2.1 当集中化处理不再等于高效 /015

2.2 与陌生人的协作变为可能：自驱型共识与信任规则 /018

2.3 互联网可以传导的不再仅仅是信息 /020

**第 3 章 从技术到社会：数字化改革的必要性** /023

3.1 新状况带来新的生产模式改革 /023

3.2 全球智造视野下，中国技术创新的新兴基础设施 /027

3.3 由技术变革带动管理改革 /031

## 第 4 章　数字化改革顺应发展趋势　/035

4.1　大部制改革带动信息化加速　/035

4.2　政府数据开放和横向协作需求的爆发　/039

4.3　数据要素成为新的生产原料　/045

4.4　多种业态充分发展　/047

---

**第二篇**

# 星移斗转
## 从变革到改革

---

## 第 5 章　数字化改革的总体框架　/055

5.1　改革路径有迹可循　/055

5.2　坚持问题导向的改革——从信息化到数字化　/062

5.3　整体智治的系统架构　/064

5.4　数字化改革的目标　/065

## 第 6 章　数字化改革方法论　/067

6.1　V 字方法论　/067

6.2　从底层思维到底座思维　/069

6.3　从集中高效到多方互信　/071

6.4　中心化与去中心化的螺旋式演进　/073

## 第 7 章　区块链：生产关系科技　/075

7.1　区块链基础认知　/075

7.2　区块链高阶认知　/080

7.3　区块链的真正价值　/083

## 第8章 进化的技术逻辑 /089

8.1 信息系统的进化逻辑 /089

8.2 网络密度与信息密度的进化逻辑 /104

8.3 商业文明的进化逻辑 /109

8.4 数字化改革与生产关系科技的融合 /112

---

**第三篇**

# 星火燎原
## 实践与探索

---

## 第9章 融入数字化社会治理中的区块链 /145

9.1 整体化智治 /148

9.2 数字化服务 /158

## 第10章 技术推动数字经济新循环 /175

10.1 四两拨千斤，区块链引领新金融 /176

10.2 让农业插上腾飞的翅膀 /179

10.3 当传统工业遇到区块链 /179

10.4 区块链重构下的新服务业 /182

10.5 改革视野下的新业态发展 /185

## 第11章 区块链构建数字化社会新规则 /187

11.1 区块链创新应用助力公安工作提质增效 /189

11.2 区块链如何为公证事业赋能 /192

11.3 人民法院智能化诉讼服务 /195

11.4 万物互联时代，智慧法院起而行之　/196
11.5 区块链技术带来的检察办案模式之变　/201

## 第12章　数字化，让幸福生活触手可及　/205

12.1 以区块链为基础打造智慧校园大数据基础平台　/206
12.2 区块链电子处方已来　/208
12.3 智慧门锁云平台引领住房租赁智能化　/213
12.4 区块链助力养老产业　/215
12.5 "链上社区"让生活化繁为简　/217

■ 第四篇

# 星辰大海
## 展望与可能

## 第13章　数字化改革的社会化辐射：畅想2035年　/223

13.1 不远的将来，我们将如何生活　/223
13.2 价值互联网时代，经济将如何循环　/239

## 第14章　全球协作的自进化科技：畅想2071年　/247

14.1 边缘计算：万物皆有算力，万物皆连数据，设备的群体智能　/247
14.2 代码自动化：自我升级的数字世界，代码自己写自己　/257
14.3 数据智能：基于数据归纳的进化，数据中涌现的逻辑　/260

## 第一篇

# 星 星 之 火
## 从量变到质变

PART ONE

# 第 1 章
# 算力激增与数据爆炸

## 1.1 上一次"下线"是什么时候

千禧年元旦后的第一个星期六,在图书馆的电子阅览室中,你与太平洋彼岸的同学通过 MSN(见图 1-1)畅想中国加入 WTO、神舟飞船实现载人航天的未来。由于时差的关系,他对你说拜拜,然后头像变成了灰色,名称的后面出现了"离线"字样。你知道,他下线了,但你后续给他发送的信息将会在他再次登录 MSN 时送达。

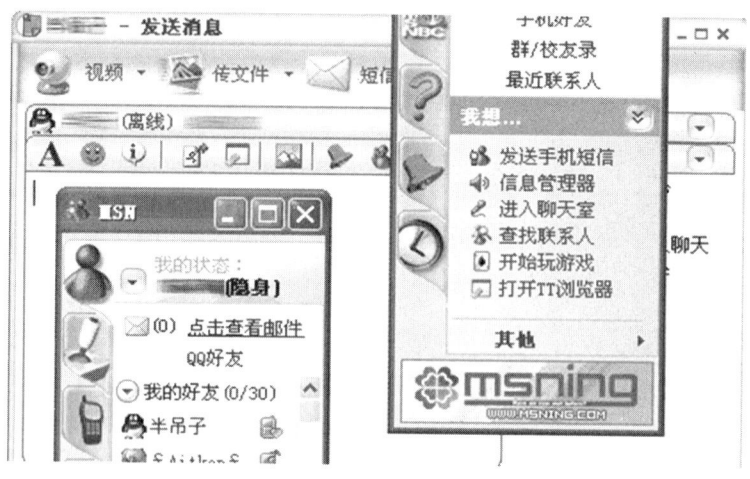

图 1-1　MSN 界面

这样的情景对于 00 后也许非常陌生，毕竟 MSN 已经消失了多年，你是否还记得上一次"下线"是什么时候？比起 20 年前，人们期待着 ADSL 连接拨号并上线，现在的你也许更期待飞机起飞后手机开启飞行模式的清静。实际上，随着移动互联网的普及，互联网已经突破了 PC 终端的限制，通过手机、手环、手表、耳机、汽车、路灯和门锁，所有的电子设备时刻保持连接。随着卫星通信的发展，我们在飞机上也能够通过飞机的 Wi-Fi 继续保持无缝连接，未来可能飞行模式也将不再存在。

由于移动智能设备的普及和可穿戴设备的兴起，移动互联网已超越了互联网的范畴，它不仅创造了更多的信息，同时也在改变信息与人之间的关系。在上一个时代，信息和人是二元分化的，互联网作为媒介承载信息，人从互联网媒介上获取信息，而获取信息是一个有意识的动作，"上网"这个动作形象地表现出人和网络相对独立的现实。而在移动互联网时代，人从"上网"到时刻"在线"获取信息，同时还会对信息进行分享和传播。可以说，作为信息的接收者和承载者，人最终成为信息的一部分。

毫不夸张地说，移动互联网已经明显改变了人类社会的各种关系和结构，也影响了整个社会商业模式的变革，改变了我们对世界的看法。以前的互联网世界被叫作虚拟世界，与之对应，我们生存的世界叫作现实世界。而现在，我们的世界仅被分为线上和线下，线上互联网的世界就是真实生活的一部分。随着线上支付、社交网络、移动搜索、基于位置的服务（LBS）、移动IM、增强现实（AR）、虚拟现实（VR）等的发展，用户开始在互联网上以真实身份来表现其社会角色，互联网从虚拟走向真实，用户在现实世界中的行为、思想、情感同样展现在虚拟世界中，因此线上线下的界限进一步模糊了，如图1-2所示。

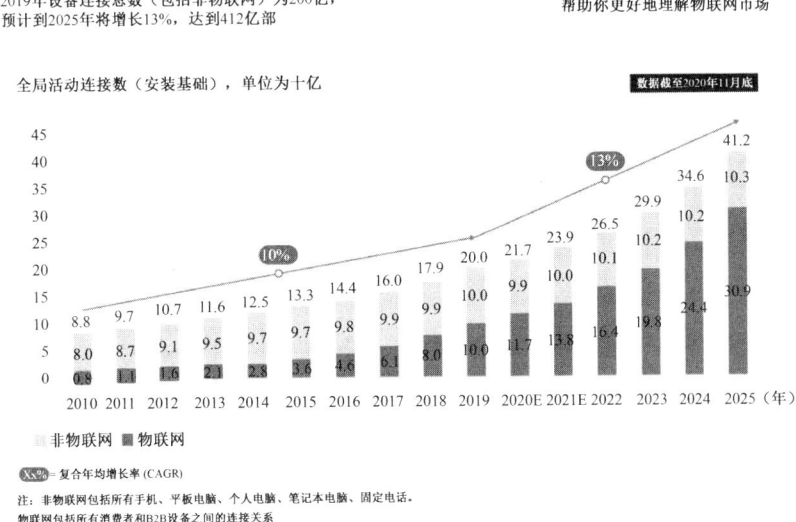

图1-2 移动设备的变化

原本的"上网"形式，是人们通过网络主动地上传和下载信息，这种行为相当于人们主动地向曾被称为虚拟世界的互联网、数字世界提供信息。物联网市场研究公司 IoT Anaylytics 预测，至 2025 年前后，全球联网设备总数量将达到 412 亿部，将是全球人口的 5 倍。这种因各类可穿戴设备、传感器的普及造成的实时"在线"状态，使得自然界及人类社会的信息开始被动地向互联网世界传输。

2020 年《中国互联网络发展状况统计报告》显示，除了用餐时段的网上外卖，短视频、网络直播的占用时间，已经在许多时间段超过了即时通信的占用时间（见图 1-3）。也就是说，即使在主动参与信息交互的互联网行为当中，人们通过互联网传输的数据也早已经从间隔时间的邮件，变成了瞬间回复的微信、钉钉或飞书，并进一步从文字的互动转向数据密度更大的视频。

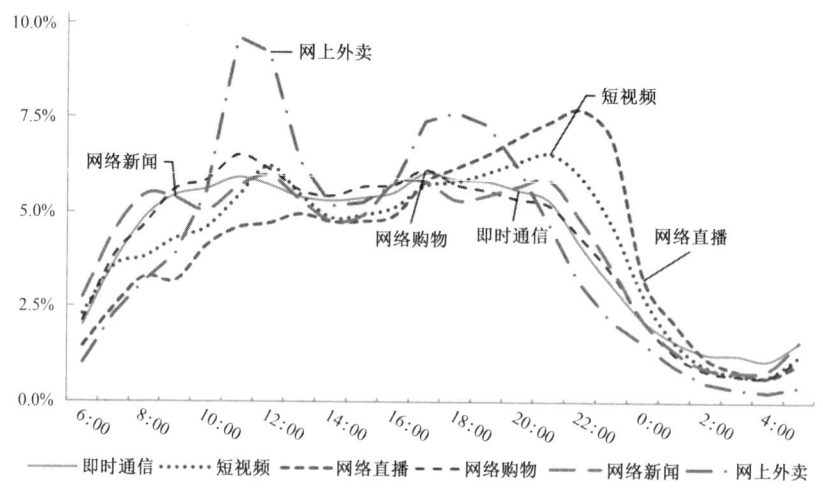

图 1-3　六类应用使用时段分布

互动性成为互联网用户更高的追求，人们在互联网上进行着更高密度的互动，如弹幕、直播打赏和直播电商，而这也让整个网络的数据进入大爆炸状态。

在人类主动地向数字世界提供信息的过程中，信息的杂音开始滋生。这就好比原始时代用语言传递信息，由于在传递过程中受到的干扰因素过多，信息往往逐渐被扭曲而失真。人类主动提供信息的过程亦受到多种无法检测、分离的因素影响，逐渐失真。然而"在线"模式下的被动信息传输相对更为客观直接，在这种模式下获得的信息由于通过了细分和筛选，受到干扰的可能性下降。虽然信息变得更为纯粹，但也被分割得更为微小，成为更容易被数字世界所理解和储存的数据。这种碎片化、数据化的信息，对人类的理解提出了新的挑战。

## 1.2　算力进万家

第一台通用计算机 ENIAC 在 1946 年的情人节问世，它占地约 170 平方米，占空间 400 多立方米。大部分人都不敢想象，75 年后，一把车钥匙、一个门锁、一只手表每秒能做的运算能力都是这个庞然大物的百万倍以上，而这就是半导体发展中摩尔定律所发挥的直观作用。从 ENIAC 内部的 18000 个电子管，到 20 世纪 60 年代的晶体管计算机，计算能力提升了 600 倍。到了 1965 年，时任仙童半导体研究开发实验室主任的戈登·摩尔（Gordon Moore），根据过去的数据分析发现了集成电路的计算能力每 18 个月翻一番这一惊人规律，于是集成电路遵循着这个规律从小规模、中规模、大规模到超大规模，最终使算力无处不在、无"微"不至。

摩尔定律不仅让集成电路的算力不断提高，还让计算机算力的成本不断下降。它改变的是我们的生产方式、生活方式甚至处理问题的思维模式。在航天工程领域，为了把更多东西送上太空，就必须增加火箭的载重量；而载重量的增加则需要更大的推力；为了获得更大的推力，就要研制大推力发动机。因此，每一次载重量级的提升都需要一个漫长的周期，并且仅发动机的成本就占据了火箭研发成本的 40% 以上。然而，埃隆·马斯克（Elon Musk）的 SpaceX 却突破了这一漫长周期，猎鹰 9 号火箭所使用的是继承自阿波罗登月舱下降段变推力发动机技术的梅林发动机，推力只有 556KN。但为了让猎鹰 9 号成功上天，SpaceX 在火箭上装载了 9 台梅林发动机。相较于大推力发动机，小推力发动机的研发、生产、运输成本都大大降低了，因此使用 9 台发动机的综合成本要远远低于一台 5004KN 的大推力发动机。现在航空航天界出现了搭积木式的发动机组合，其根本原因就在于计算的成本已经大大降低，让 9 台发动机通过即时计算互相协作、融为一体变得非常简单。过去，每多一台发动机，就意味着出错的可能性高了一倍，需要预设的计算量则高了几倍，而现在这些计算都可以交给算力和人工智能去修正、协调并高速处理。

也同样是因为有高效的算力，SpaceX 的星舰 SN 系列飞船，能像造香肠一样一艘一艘地被送上试验场，几乎每一周都能基于前一次的失败数据快速完成迭代，还可以基于模块的拆分，进行精准问题的定位，并快速计算、快速升级，从而在下一艘飞船发射中再次测试新的组合结果。

说到这里，可能你觉得火箭离你的日常生活太过遥远，那么你可以看看你手边那部重约 200 克的智能手机，它能够提供的算力早就超过了 20 年前的那种笨重的台式计算机。如今你几乎可以用智能手机完成所有你在互联网上想做的事情，如可以看到各种各样来自世界各地的视频、动画与特效，通过小小的屏幕甚至能以虚拟现实的方式沉浸式地与全世界互动。事实上，我们现在享受着的各种内容创作同样离不开进入千家万户的高性能算力，我们现在在各种视频网站所看到的视频，其中的剪辑、特效、渲染及高清的画面放到 20 多年前，都需要租用一个专业工作室的图像处理计算机机房来进行运算处理，而现在的创作者只需要一台性能好一些的笔记本电脑就能够在世界各地实时创作各种炫酷的视频，并通过 5G 网络快速发布。由于创作的门槛降低，我们看到了纷繁复杂、百花齐放的互联网内容。

## 1.3 数据无处不在又无处所在

数据产生的源头是人类的活动，随着人类活动的在线化，全球互联网体量已经非常庞大。据 IDC 统计，早在 2019 年，全球网络数据体量就已达到 4.4 泽字节，预计 2025 年将进一步膨胀到 175 泽字节，增长近 40 倍。举个相对具体的例子，用标准的 DVD 来存储 175 泽字节数据，把这些 DVD 叠起来，可以绕地球 222 圈；用现在的平均网速来下载，要 18 亿年才能下载完。

数据大爆炸所带来的有效信息并没有随着数据总量的上升而持续提升，仅电子邮件这一方面，根据电子邮件服务标记监测的统计数据，全球每天平均产生 145 亿封垃圾邮件，占邮件总收发量的 45%～75%，而这其中又有约 73% 的垃圾邮件是冒用身份的"钓鱼"邮件。也就是说，每天通过电子邮件，就产生 105 亿次假冒身份的欺诈尝试，更不用说比电子邮件的交互频率更高的 QQ、微信、WhatsApp 等。据我国公安部发布的数据，仅 2020 年就破获案件

32.2万起，累计挽回损失1876亿元。这是我国公安机关全力加强电信诈骗预警的巨大投入之下的成果。互联网犯罪是全球性难题。2020年，据美国联邦调查局互联网犯罪报告统计，2020年美国网络犯罪造成的损失高达41亿美元，共有案件79万起，较2019年增加69%，通过资金冻结仅成功追回损失3.8亿美元。可见，在新冠肺炎疫情（下文简称"疫情"）的影响下，当今的互联网面临个人数据安全、数据隐私、数字化财产安全等挑战。而如何从源头重构数字世界的规则，构建新的数字世界秩序，让失序的互联网回归可治理甚至自治理的良好环境，成为如今技术发展的新课题。

追本溯源，问题的根源可能是当前的信息互联网源于1969年的军用局域网ARPAnet。在冷战期间，美国为了防止核攻击下指令失灵，需要一个多点分布的通信网络，于是ARPAnet诞生了。

从最早的连接4个节点，到后来连接100多个节点，并最终引出了当今互联网的核心协议TCP/IP协议。可以看出，互联网的雏形诞生于一个去中心化的诉求，能够防止在遭受核攻击时军事指令瘫痪。但随着技术的发展，美国在计算机与互联网发展早期具有明显优势，形成了中心化的信息互联网组成形式。

信息互联网中有个叫作DNS（Domain Name System）的系统，它就像是现实世界中的地址系统，管理着成千上万的线上服务的地址。当你要访问一个网站时，需要知道其"住址"，也就是信息互联网中的IP地址。这个"住址"被分成国家、省份或州、城市、区、街道、幢、单元，只有完整记下来，你才能按图索骥找到对的网站进行访问。当前的互联网协议中，国家的信息、身份的信息、城市的信息都是由各级域名服务器管理的。如图1-4所示，为了访问一个网站，至少需要8个步骤。这8个步骤需要向各级域名服务器进行请求，而在过去的很长一段时间里，其中所不可绕过的根域名服务器、顶级域名服务器全部都在西方国家且大多都在美国。

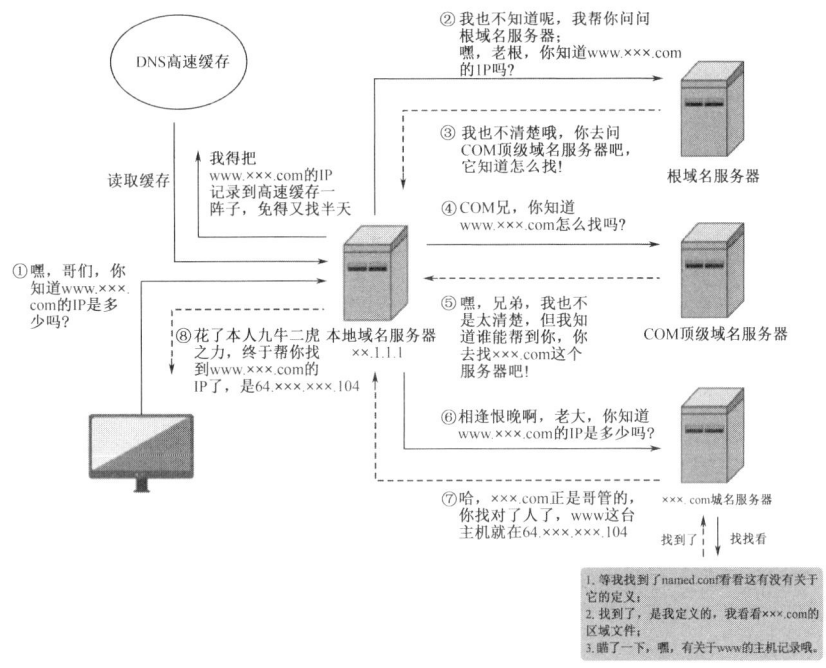

图 1-4　8 个步骤

也就是说，在过去，一旦美国针对某个根域名停止服务，一个片区的服务器都将无法被外部访问。早在 2004 年利比亚的顶级域名 .ly 就被屏蔽了。而在伊拉克战争期间，伊拉克的顶级域名 .iq 也被删除过。事实上，直到 2016 年，美国政府才在理论上解除了对互联网的行政控制权，将互联网管理交接给了非营利性组织——ICANN。不过这个组织几乎被永久固定在美国加利福尼亚州，受到加利福尼亚州和美国的法律管辖。这也是我国在升级到新的 IPv6 的过程中极力争取将顶级根域名服务器部署在国内的原因。当然，移动互联网的兴起也让我们不再依赖域名解析，我们使用互联网的习惯已经逐渐由打开浏览器输入网址，变成了打开 App 浏览内容，而这个过程完全可以直接通过 App 内设的 IP 地址进行访问，从而绕开域名解析的步骤，如图 1-5 所示。

信息中心网络：信息共享的需求与问题

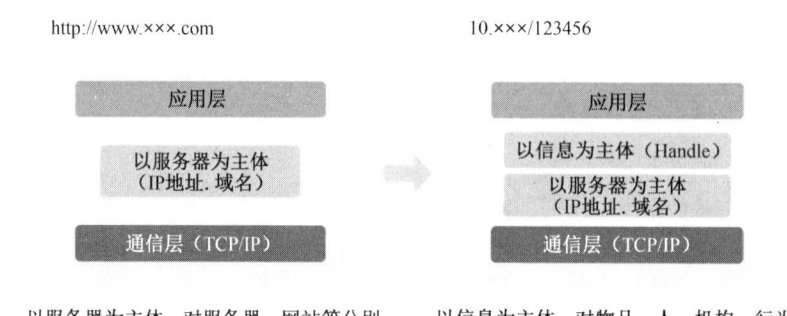

图 1-5　信息中心网络

然而，除了 DNS 管理中心化的问题，从上述的访问过程不难看出，当前信息互联的整个通信机制是面向服务器之间的，而并非基于信息或基于数据进行标识，这也就造成了当前的信息互联网仅能确保连接而不能保证质量，因为整个信息互联网的协议只对是否成功连接负责。从显性角度来看，我们现在虽然已经能够通过蓝牙、AirDrop、HUAWEI share 进行照片、视频、文件等面对面快速传递，却没有办法即时地针对任何设备进行点对点的交易与结算，缺乏面向所有设备的通用标识系统。所有互联网设备之间的相互访问，仍然需要基于服务器一层一层地通过 IP 地址进行访问，我们所体验到的秒级支付体验，也都是在一个闭环服务体系当中才能够实现的，如银联、支付宝、微信用户之间，并非面向任何对象、任何设备，使用蓝牙之前需要配对也是类似的道理。

当然，不允许所有设备点对点交易的另一个原因是，在信息互联网设计之初，我们访问各类网站所使用的超文本传输协议（HTTP），在传输信息的过程中均使用明文。也就是说，你在访问这些使用 HTTP 的网站时，所有的通信都可以被中间人截获，在这种情况下自然不会有人敢随意发起有价值的交易，因此信息互联网上一般不会留下特别具有价值的信息（见图 1-6）。

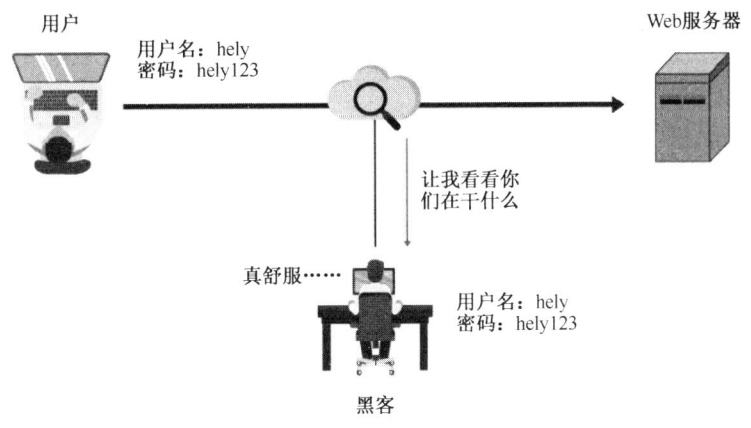

图 1-6　使用 HTTP 时的情景

即使如今大规模普及了 HTTPS（见图 1-7）并实现了加密通信，通过假 Wi-Fi 认证页面和钓鱼页面进行账号密码盗取的现象仍然比比皆是。在如此的设计背景下，每一次互联网的交互背后都是无数服务器之间的连接，反倒比起设备之间的直连更有效率、也更安全，但这些连接并不具备清晰的路径和痕迹，被访问服务器的管理也并不透明。因此当前的互联网中存在着大量无序且无规则的信息，或是杂乱、难以被管理也难以被使用，或是被有心操纵、窃听、删改,导致失真。当各类可连线设备的数量达到了百亿级时,我们会发现,现在基于服务器通信的互联网,似乎正在成为自身发展过程中的绊脚石。

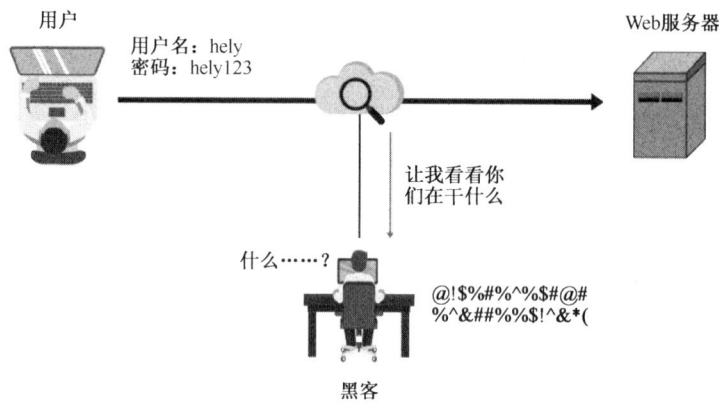

图 1-7　使用 HTTPS 时的情景

# 第 2 章
# 从失控到自治

## 2.1 当集中化处理不再等于高效

星期五下午,在快要下班的时候,你突然想起有一笔数十万元的大额跨行转账需要发起,于是你通过手机银行结合手机盾发起交易,但对方却一直没有收到。惴惴不安的你只能把扣款成功的截图发给对方,直到下个星期一上午对方才在账户中收到这笔钱。你可能会对这种现象感到诧异,但这就是当前电子银行所使用的中心化的对账机制。为了防止出现错账,系统需要集中处理客户发起的转账,一层层的对账环节导致了效率的降低。

相比于境内的跨行转账，跨境转账的处理时间更长，两个不同体系之间的交易，需要一层层协议和一个个中介完成信任传递（见图 2-1）。为了提升速度，可以将流程转为自动化处理，但由于流程之间的数据涉及传输与大量的运算，又要避免结算错误，因此在不断提高容错率的目标驱动下，中心化记账的 IT 成本会呈指数级提升。据中国银行业监督管理委员会与安永会计师事务所在 2014 年发表的论文统计，中小银行为防止计算出错与数据缺失，每家银行每五年需要至少投入净现值 3876.56 万元，主要用于机房的灾备建设。据中国银行保险监督管理委员会 2020 年统计，全国银行金融机构法人共 4607 家。假设所有银行均符合中小银行对机房灾备的标准，且投入金额自 2014 年以来未有所增长，则全国银行金融机构总计需要投入至少 1786 亿元用于机房灾备，而事实上这个数字只会随着金融业务数量的提升、业务复杂度的提升而不断上涨，至于全球化的金融系统的成本则更是天文数字。

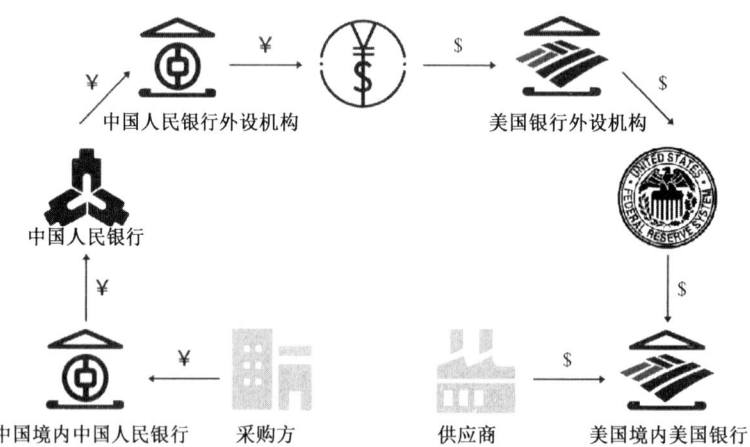

图 2-1　跨境转账流程

中本聪于 2008 年提出区块链概念并于 2009 年将其上线，第一次以工程化的形式实现了真正的数字化分布式记账。通过密码学、分布式计算、分布式存储和博弈论的有机结合，让记账处理从层层上报到层层下发的金字塔形机制，转为扁平化的点对点交易网络机制，任意双方都能够立刻完成跨域全球的交易，并且不受时间、空间的约束。这是因为区块链让所有网络参与者都参与了记账与验证，分摊了记账的成本，因此它最终几乎成了超越所有灾备手段的安全结算网络，而这个全球化零错误网络的运行总成本每年仅为 300 亿元左右。

当然，银行与金融结算的中心化在我国有着十分完善的金融监管体系的加持，为普通大众带来更多优质体验，由此造成的成本增加对普通人的影响并不直接。而互联网数据中心化在提升效率的同时，也为绝大多数普通人带来困扰。

从哪一刻开始，你觉得你的手机变得过于懂你了？是你在下班时间看到锁屏画面提示你距离回到家还需要多久时；是你在和朋友聊到旅游网页，手机便开始推送酒店广告时；还是在短视频网站中沉浸于各种让你很感兴趣的视频后回过神来时，才发现一个周末过得飞快而空虚。其实，中心化的大数据早已无孔不入，而我们作为数据产生的源头，却开始被数据巨头不断消费。"大数据杀熟"已屡见不鲜，人民网曾报道过在同一时间使用不同账号、不同手机所看到的同一个酒店价格大相径庭的情况。更过分的是，在各种数据集中过程中，我们的隐私以几百元一组的形式在地下产业中被低价倒卖，骚扰电话、骚扰短信及莫名其妙的费用，甚至电信诈骗，让我们感到自己在数字世界的权利似乎正在被科技的发展不断剥夺。

在数字化时代，我们还会发现在不同的平台之间，我们需要反复地主动暴露我们的隐私信息，去注册，去填写各项个人信息，去证明自己是自己；在几大平台之间进行数据的迁移竟然需要通过第三方工具，执行着类似 20 年前数据拷贝再存储的低效操作。甚至一个独立的品牌方，在线下全国各地开设连锁店的情况下，在线上却只能被迫选择在一个电商平台中开店经营。反差如此大，是由于数据中心化造成数据孤岛，而数据孤岛则产生于信息互联网中数据的不稳定性。

数据虽然蕴含着丰富的商业价值，但其可以被随意复制、修改、创造的特性则导致数据拥有者不愿意也不敢分享数据的价值，每一次传递数据都会被复制、被修改，这将导致数据价值的流失，因为它不再稀缺。而作为数据拥有者的我们，却对数据流向一无所知。于是信息互联网上的个体与商业主体都陷入了信任危机，关于数据价值的守与授，也成了零和博弈。

## 2.2 与陌生人的协作变为可能：自驱型共识与信任规则

150 定律（又称邓巴数字）是人类学家罗宾·邓巴（Robin Dunbar）提出的理论，即人类的社交范围上限为 150 人，紧密连接人数在 20 人左右。为了特定的目的，我们会尝试连接社交范围以外的人，而这往往需要一个契机，或者说一个中间人，来帮助我们在过去的社交上限的基础上增加新的社交连接。当然，同时也会有旧的社交连接由于注意力的转移而逐渐被减掉。实际上，人类进行交易的过程一直以来都没有突破过基于中介的"三角规则"，也就是说，一个稳定交易的形成除了交易双方，更需要一个信用中介。在淘宝上购买商品，支付宝是我们的信用中介；进行电汇转账，银行是我们的信用中介；进行现金交易，国家背书的人民币是我们的信用中介。因此，即使当前的信息互联网让我们的信息密度极大增加，处理信息的效率以指数级提高，但信任传递的规则却并没有变化，我们仍然依赖中介来完成交易，并且依赖的程度随着信息密度的增加而不断加强。对中心化中介的过度依赖正是我们逐渐丧失数据所有权的根源，而区块链的出现似乎为我们提供了新的答案。

来自全世界 40 多个国家和地区的共计 11000 多名投资者，在 28 天的时间内帮助一个创业项目完成了 1.5 亿美元的融资，一举打破了众筹历史纪录，这个 2016 年的案例代表着区块链的一大经典创举。事实上，这 11000 多人来自不同国家和地区，拥有不同的文化习惯和语言背景，并且各自的国家和地区有着不同的法律与监管体系，他们之间没有社交基础，他们中的大多数人与这个创业项目也没有合作基础，他们所信任的实际上是区块链所造就的可信的代码逻辑和执行规则。区块链的出现，使得在区块链中与陌生人协作变为可能。

有趣的是，参与区块链交易的人们从来都不相信交易对手方，他们有句共同的口号"别相信，去验证"（Don't Trust，Verify），而区块链正是利用了"理性人假设"，让所有人只需要关注自身的利益，最终构建了一个持续可信且稳定的信任规则。以历史"悠久"的比特币区块链来举例，共识算法使得所有参与者只要输出出类拔萃的计算能力，就都能够有机会当一次"央行"，为所有的交易记账、背书，同时印出新"钞票"并收入囊中。于是，所有参与者都会争抢这个每 10 分钟左右就会出现一次的当"央行"的机会；每个人都只相信自己，所以每次当有别人抢到了这个机会时，所有其他没有这么幸运的人都会争先恐后地试图"找碴"，"找碴"的过程就是验证这个幸运儿的工作量及其所记录的账本的过程。在发现实在找不出问题之后，大家就又立刻再次投入到下一轮抢当"央行"的竞争中。在这样一轮又一轮"自私"的争抢博弈中，区块链被不断延长，因为每笔交易都经过了大多数人的验证，所以区块链上的交易成了难以被伪造的真实交易。由于所有的历史交易都刻在了成千上万个参与者的硬盘、磁带等存储设备中，因此要同时篡改如此多人的"记忆"几乎成为不可能的任务。区块链也就是以这样的机制，让陌生人之间的协作成为可能，没有人是提前信任他人的，但随着参与者自驱的行为，最终形成了一种持久维系着信任的协作机制与信任规则，而这种牢固的规则似乎才是我们所追求的互联网发展及数字经济发展的未来趋势与方向。

## 2.3 互联网可以传导的不再仅仅是信息

当区块链出现在互联网世界中时，我们发现互联网可以传导的不再仅仅是信息，还可以传递信任关系，以及随着信任关系而一并传递的信任价值。在我们当前所能感知的四维空间中，时间是唯一单向向前且不可逆转的存在，而区块链就是通过将数据与时间完成绑定以实现数据世界的唯一性的，而这个唯一性使得我们对所有数据的操作，都能像我们在物理世界做出任何动作一样，留下不可磨灭的痕迹，创造不可逆的熵增。区块链则通过在数字世界里吸收物理世界的熵增机制，为物理世界中的协作与信任创造了熵减的可能。

实际上，相较于仅仅传递信息的互联网中的数据不那么清晰的形成、复制、流转与灭失的情形，区块链为互联网提供的是一个传递价值的机制，一个贯穿数据生命周期的激励机制。由于每一步都是公开、透明且可验证的，对于数据生命周期中的每一个参与者来说，数据所产生的价值都是能够被传递的。区块链智能合约其实并不是人工智能的那种智能，反倒是非常不智能的"循规蹈矩"，为每个因运算、执行消耗时间和算力的验证人分配属于他们的报酬，也因此能够激励更多的参与者来分享收益，同时又可以进一步维护这个价值传递的机制。以一个溯源的案例作为例证，从原材料的生产商到产品装配厂商，到物流，再到销售，每一个环节都是独立的主体，有着独立的商业利益。但面对一个产品，当每一个环节都能够将自己清晰的数据记录到区块链上时，这些数据就成了这个产品的附加价值。当一个产品的溯源信息可以被全流程验证、交叉验证时，它更能获得消费者的信任，而更好的信任会成为直接溢价，并一层层激励每一个将数据上传到区块链的独立主体。也正是有这样清晰的激励传导机制，独立的个体之间才能够持续维持产品溯源的可信体系。

区块链所赋能的价值互联网能够在这个时代产生并且逐渐得到大规模应用，与数据爆炸造成的困扰及算力激增降低的计算成本息息相关。前者创造了需求，后者则提供了可行的方案。分布式的记账、计算、验证的成本在任何一个历史时刻都被认为是浪费，也正是在当前的互联网发展到这个临界点之时，原本技术上的高成本现象不再显著，而解决信任传递的更高成本的价值则得到凸显。

# 第 3 章
# 从技术到社会：数字化改革的必要性

## 3.1 新状况带来新的生产模式改革

城市化在改革开放之后呈现出与之前明显不同的特点，原因如下：彼时的中国进入经济高速发展时期，城市与农村之间的差距逐步缩小，尤其是乡镇公司的发展进程，中国的城市化进程展现出的特征是小城市规模快速扩大。1978 年以后，中国城市化相关条例主要在两方面发生变革：一是鼓励农民进城找工作，这与之前的城市农村断层发展政策大有不同,有关人口流动的政策也大大放松了;二是确定了一个新的城市化发展方向——小城镇城市化。

政府通过发展房地产行业为进城农民解决了居住难的问题,如重庆市南岸区政府,要求各街道利用空置楼房、闲置招待所等设施开办供"棒棒"(扛货人)使用的"阳光公寓""棒棒公寓"。这些住处整洁温馨、价格低廉,深受民工们的喜爱,被称为"山城农民的都市家园"。厦门、北京等地针对外来人口住房难的问题,多方筹集资金,兴建外来人口居住点,为进城农民提供良好的居住环境。

虽然城市化速度快,但质量不高的问题仍然存在。根据人口普查数据,目前中国至少有一亿多位入城务工人员未能"市民"化,不能全面行使市民的权利,也无法全面享受相应的社会福利,如住房补贴、医疗保障、教育资源等社会公共服务。如果城市人口规模不计算这些没有享受到城市化的务工人员,那么现阶段的城市化率可能只达到50%。在对城市化中居民权利的研究中我们发现,在改革开放之后居民的各种经济自由度有了明显的提升,这里的居民也包括城乡居民。但同时这种经济自由度的提升并不是平均的。北京大学国家发展研究院周其仁教授指出:"以'土地城市化'为例,就是原本用于农村、农业、农民的土地,现在转入了城市,成为城市建设用地。通常,人口城市化率的提升,多多少少都要扩大城市范围、增加城市用地。像北京这样的大都市,现在的实际人口规模在2000万人上下。人群集聚到一起,当然要比500万人口规模的城市或100万人口规模的城市占用更多的土地。问题是,人们发现近年我国'土地城市化'的速度,远远超过了'人口城市化'的速度。"

解决城乡之间的发展不平衡问题一直是我国实现共同富裕道路上的一大难题，加速解决这个问题是我们需要重点思考的内容。

我们身处科技高速发展的时代，20多年前互联网带给世界巨大的惊喜，互联网已经逐渐成为社会经济发展的基础设施，大大拓展了传统的时空界限。我们可以从三个角度去看待这样的基础设施：首先是大规模使用的范围，其次是成本，最后是渗透率。互联网等信息技术都已经达到相对完善的程度。数据不是因为互联网等信息技术出现才有的，但是有了互联网等信息技术的普及和发展，数据的沉淀和利用变得更容易、更自然，成本也变得更低。大规模信息技术基础设施成为新生产资料的数据及新型数字商品服务，这三个要素相互作用、相互裂变，推动数字经济时代的到来。

如今的社会经济中，存在大量的中心化管理机构、服务机构。然而信息技术的快速发展，导致社会经济管理体系需要快速反应及高并发运行。以往的中心化管理和生产方式已经不足以支撑发展的需要。由区块链引发的技术革命，不能停留于"颠覆商业模式及为产业带来转型"上，而必须经过包括生产关系革命在内的全面社会改革。浙江省在全面实现商品市场数字化转型中倾注了大量精力，下面以浙江省农贸市场和专业市场"五化"改造项目为例进行说明。该项目投入资金超过5亿元，涉及改革的经营商户总数超过7万家。转型后的浙江商品市场，处处体现出科技的力量。杭州市骆家庄农贸市场，智慧化的数据大屏格外引人瞩目，屏幕上赫然写着"区块链溯源"。骆家庄农贸市场副经理陆云峰介绍道："我们通过技术，实现菜品的来源可溯、质量可查、去向可追，保证菜品的放心消费，从而打造一个能让消费者安心的农贸市场。"同时他还提到，目前骆家庄农贸市场在5G技术支持下，可以转型为"线上+线下"的新型农贸市场：线上模式主要运用 5G 与 VR 技术实现云买菜；线下模式则通过 AI 等技术使得农贸市场的服务更加贴合客户的需求。温州市鹿城区的 36 个农贸市场已经被统一纳入农贸市场智慧管控系统中心，该中心可以做到监测农贸市场的实时动态，同时开创了一码通，可以用于完成监管、支付、溯源等工作，让整个流程数字化不再是纸上谈兵。现阶段浙江省第二批商品市场"五化"改造项目已经处于最后的攻坚克难阶段，浙江省将会借鉴以往的经验来加速推进数字化改革的进程，全面深化商品市场智慧化。

社会经济的发展并不是狭义的管控、管理及运转，也不仅仅是为了解决眼下社会与个人的问题。充分利用信息技术调动更多力量协同，达成政府部门与社会组织、互联网平台的多方面合作，社会成员的积极参与，使数字化改革全面启动并下沉成为大势所趋。数字化赋能政府部门已经是如今被大家广泛讨论的话题，上海市政府新闻办公室和北京快手科技有限公司于 2021 年 4 月 15 日举行战略合作签约仪式。此次双方合作的主要目的在于政务宣讲、城市宣传、产业融合、媒体合作等。这次合作不仅可以为上海"五个中心"进程打造良好的建设环境，还可以推动上海成为全球更优秀的城市和更加现代化的国际化大都市。在同期举办的"浙江省推动先进制造业和现代服务业深度融合发展（下称"两业融合"）新闻通气会"上，浙江省将通过数字经济赋能加速推进两业融合。据悉，浙江省计划到 2022 年将打造至少 50 个两业融合的试点区，以及至少 100 家试点公司。浙江省发展和改革委员会副主任胡奎在会上提到，回顾 2020 年 3 月浙江省首先在领先制造业和服务业融合进行了试点，7 月将五家包括杭州高新区和宁波北仑区在内的优秀公司纳入国家首批两业融合试点。网易严选、曹操出行都是两业融合的优秀典范，这些优秀典范进一步推进了新型融合的发展模式及业态。

## 3.2 全球智造视野下，中国技术创新的新兴基础设施

2020年是受疫情冲击的一年，也是经济遭到重创的一年，而中国却在2020年成为世界唯一一个经济没有衰退的大型经济体。这说明智能化转型的时代已经到来，中国在这场变革中顺流而上，受益良多。

自1978年以来，我国的经济一直处于高速发展中，但大多依靠的是人口与资源的红利，发展模式相对粗放，位于全球制造业的价值链尾部，肩负着"世界工厂"的任务。近几年，国际局势风云变幻，全球化进程受阻，我国提出通过5G、互联网、区块链、工业互联网及AI开展新基建。事实上，目前，顶层建设也在不断更新，高层领导在多次会议中提出要不断推动制造业高水平发展。《中共中央关于制定国民经济和社会发展第十四个五年规划和二〇三五年远景目标的建议》着重提出，保持制造业比重的基本稳定。党的十九届五中全会明确提出，加快发展现代产业体系，把发展经济着力点放在实体经济上，坚定不移地建设制造强国。

但是，与上一轮数字化不同的是，人工智能、物联网、5G、区块链、云计算及前沿计算等智能技术的发展将人类社会带入了一个万物互联的新世界，而且一切都可以被计算。在这个新世界中，区块链、5G、云计算和其他技术极大地促进了数据增长和计算能力的发展。传统的"云管端"IT架构已不再适应制造业升级的新需求，

疫情之下，新世界都在呼吁采用全新的 IT 架构（智能转型）。浙江省一直非常重视数字化转型。近年来，浙江省承担多个项目，以促进数字政务、数字旅行和数字金融的全面繁荣。

2020 年 3 月，杭州率先启动了针对"在线汽车召回+健康守则"的新预验证程序，以应对严重的流行病。在线车辆驾驶员只能使用绿色代码操作，乘客可以使用绿色代码下订单。

浙江省数字经济"第一个项目"将新型云计算作为核心技术基础架构。与传统的"烟囱"IT 工程不同，云作为一种开放和公共的基础架构，可以从各个方面开放数据，这也为在浙江省快速推广卫生法规提供了可能。

以阿里云服务器为例，它为数字浙江展示了可靠的新基础架构建设。在流行病预防中，它表明云计算技术是新基础设施建设的有力支持点。例如，为提高诊断水平，阿里云服务器达摩研究所与浙江省疾病预防控制中心合作，使用优化算法，将紧密接触基因分析的时间缩短至 30 分钟，并防止 DNA 检测遗漏。

在显示整个社会发展的计算速度的基础上，云计算技术的发展趋势包括数据和信息智能、智能网络和移动协作等关键技术。全面的技术支持一直是整个防疫过程中的社会管理创新、资源分配、决策、机构合作，甚至患者诊断和药物开发不可或缺的一环。

随着数据时代的全面到来，智能技术加速发展，基于数据和信息的全方位高科技进步已慢慢颠覆了传统的世界格局，创造了一个基于智能的新世界。你可以清楚地看到，互联网大数据将成为 21 世纪大国之间关系的一大挑战。数据和信息的新升级作为发展战略将引发新的国际事务。近年来，我国陆续出台数据信息方面的政策，一些公司已经逐步采取行动。当前大公共数据的发展趋势体现在互联网大数据的商业服务应用水平上。互联网公司发展迅速，不断前进并积极开拓市场。鹰瞳 Airdoc 创始人兼 CEO 张大磊曾是一名专业写代码的程序员，他因家人的一次误诊失去了与比尔·盖茨并肩工作的机会。后来，他回国创业研发了 Airdoc 人工智能眼底筛查系统，用他自己的话讲："左眼拍张照、右眼拍张照，一分钟就可以发现几十种慢性疾病。"

发展战略与宏观经济的合理布局密不可分。在我国，必须推进"综合"基础建设，以形成适合我国基本国情的合理的产品研发布局，完善我国各省的数据信息。协作和联络将所有数据信息合并在一起，以产生详细的数据信息管理系统。但是，在我国，自然环境的变化趋势相对复杂，技术工作能力与经济发展之间存在较大差距，必须以一些数据信息基本良好的地区作为参照，才能优先进行数据统计分析和综合应用。2021 年年初，浙江省进行的智能化改革与创新利用其数字贸易的高质量数据，实施以智能化改革与创新促进一切改革与创新的关键发展战略，占领数字贸易要塞，并创新战略系统和机制，积累合理工作经验。作为近年来迅速崛起的"数据堡垒"，杭州市余杭区试图在探索之路上提出一个解释性的想法。在智慧浪潮中，它采取了颠覆性的姿态，力求自主创新，力争第一。说到余杭区，数字贸易是其重要的标识之一。

在这片热土上，不仅有像阿里巴巴这样的"航空母舰"、之江实验室、达摩法学院等高端基础自主创新媒体，还有大量基础扎实、硕果累累的数据公司。余杭区立足于加工制造行业，全面推进加工制造数据处理流程。其借助阿里巴巴的 supET 工业生产网络平台和其他国家重点项目的优势，力图探索建设在基础设施建设方面领先的工业生产网络平台。

掌握工业物联网的优势和自主创新服务平台媒体的优势十分重要。2021年，余杭区数字经济核心产业增加值1605.7亿元，占地区生产总值比重为64.17%。

数据表明了经济发展情况，也完善了民生项目。目前，"数据之手"已经渗透这一领域。

智慧化改革创新不仅是对管理方法和工作流程的重构和完善，而且是工作能力的有力提升。工业生态系统中，具有多链网络的数据和信息产品流通的安全通道是数据行业的新基础设施。伴随自主创新基础设施建设的飞速发展，数据信息产业加速发展，进而促进其他产业的发展。

在我国，还必须从多个角度促进互联网大数据产品的发展。政府部门必须发挥领导作用，整合企业、科研机构及其管理部门的力量，以促进互联网大数据的发展。未来，我国将以更大的优势全面推广该战略。

春节期间，居民已经感受到一个更加智能的杭州市：暂不实施限峰措施，交通更加便捷。该管理决策基于对Smart Park数据的统计分析。无须申请，春节期间在杭州居住的80万以上的流动人口就能在智能园区支持点的"秦青在线"服务平台上，得到杭州市政府的红包。杭州发布了《中共杭州市委关于做强做优城市大脑 打造全国新型智慧城市建设"重要窗口"的决定》，城市大脑正在全面推动大城市治理现代化。

值得一提的是，人们可以利用"浙里办"App来办理许多业务。

图书馆可以基于在线学习平台为"学在浙江"的所有员工提供在线阅读服务,运动健身可以基于全民健身运动。借助"E Tour 浙江"文化旅游业公共文化服务系统软件,可以方便快捷地进行假日旅游。遇到不满意的地方,可以在"浙里督"服务平台提出问题。

在国外,许多大中型公司非常关注互联网大数据的发展趋势。一方面,这些公司全力赞助与互联网大数据相关的新项目竞赛。另一方面,它们向进行互联网大数据科学研究的大学和组织展示其资产,对其现有的经济发展和收益持乐观态度。2021 年,Amazon Cloud High-tech 举办媒体沟通会,会上首次宣布了中国"三驾马车"的业务发展战略。据了解,Amazon Cloud High-tech 已在中国有效创建了其业务流程的"三驾马车",其中包括云技术,该技术可使中国客户享受世界领先的云技术;来自世界各地的外国客户基于中国的应用,保持 IT 体系结构和世界观的一致性;基于 Amazon Cloud High-tech 的全球基础架构建设和服务项目,助力中国客户启程走向世界。

## 3.3　由技术变革带动管理改革

中国正在促进高新科技在社会发展中的应用,管理创新要适应新的发展战略。因此,在新的社会管理创新时代,我们必须把握信息革命和产业链变革带来的前所未有的机遇,此外,我们还应充分理解并立即迎接挑战。

新一轮信息革命和产业链变革,促进社会管理从统一转向多元化,为共同治理和共享资源提供帮助。传统的社会治理方式主要由政府部门承担，其他社会发展参与者的参与程度非常有限。新一轮信息革命和产业链变革，为单一的行政管理方式转向多种形式的环境整治提供了服务支持。传统的社会治理方法主要是行政管理方法，政府部门和其他社会发展主体的整顿方法较为简单且受到限制。大数据、区块链、物联网、云计算及人工智能等技术的发展，为社会管理方式的变革创造了巨大的机遇。高新技术还促进了多元化主体的协商和整顿，可以合理弥补政府治理的不足，充分发挥多元化主体社会管理创新的作用，完成良好的互动沟通和自我管理。作为最低级别的区块链技术，现阶段的大多数新项目都朝着 B 端（商家、企业）发展。在许多情况下，普通人无法直接看到它，但是它所产生的实际效果，如信息内容的可追溯性、防伪性及数据和信息的真实性等优点，在日常生活中给人们带来许多便利。未来，你可能会看到越来越多的区块链技术 C 端（用户、消费者）的应用，甚至你的智能手机也可以拥有轻量级的区块链技术连接点。到时候，个人数据滥用、数据侵害隐私等问题，在区块链技术的辅助下将大大减少。

随着市场的逐步完善，区块链技术将越来越大众化，并呈加速发展趋势。例如，在政府服务中使用区块链技术有利于实现让普通百姓不跑腿或少跑腿的总体目标；在司法部门使用区块链技术有利于降低诉讼成本，提高个人或中小企业的诉讼效率；借助区块链的可追溯性，有利于让老百姓吃到更放心的食物……将来，区块链技术可能会在与老百姓紧密相关的衣、食、住、行甚至精神文明建设等方面得到充分应用。区块链技术在社会管理中的创新使用将有助于促进善行，完善社会管理方法，并有助于贯彻可持续发展的概念。

"区块链技术的使用价值不取决于复制硬币，而是在于处理社会问题。"蚂蚁金服蒋国飞认为，区块链技术已经进入商业化阶段，这是技术发展的第一个原因。系统软件功能进一步完善，个人信息得到了保护。第二个原因是开放技术使人们加速了自主创新。第三个原因是与行业模型的合作刺激了滚雪球效应。未来，这三个原因将再次加速区块链技术的商业实施进程，将会产生大量的交易和信息交换活动，从而基于区块链技术创建互联互信管理系统，最终在全球范围内完成物联网互联。

如今，以大数据、区块链、物联网和人工智能等技术为核心的新一轮技术革命已经开始在全球范围内产生关键转变。在全球范围内开展的生产、制造、项目投资发生了深刻的变化。多年来，技术革命推动了生产流程的转变，渗透并重建了整个经济体系，如产业链的结构、商业服务的形态及贸易，在全球范围内引起了重大变化，这场技术革命最终将对全球经济布局产生深远影响。我国能否抓住技术革命的机遇，关系到未来的发展方向。尽管大多数转变仍处于萌芽阶段，并且变动很大，但一些长期趋势特征已逐渐显现，并遵循了产业链的路径和机理。

如今，电子信息技术已普遍渗透，同时促进了各个学科领域的技术发展。电子信息技术与其他行业技术相结合的自主创新还将继续。电子信息技术不仅被广泛应用到各个行业，还进一步加速了专业知识和信息的传播，有利于整体提高技术的发展速度。电子信息技术还推动了跨学科发展。例如，神经科学、信息内容和其他课程产业的融合刺激了人机交互，这将极大地推动人工智能和社交网络的发展。电子信息技术与制造业、电能、交通运输及农牧业等领域的技术融合，促进了智能制造系统、智能能源、新型智能城市、智能交通和智能农业的快速发展，并带来深刻的变化。

# 第 4 章
# 数字化改革顺应发展趋势

## 4.1　大部制改革带动信息化加速

多年来,浙江省一直专注于数字浙江的基础设施建设,坚持以人为本的发展理念,推动"最多跑一次"的企业战略转型,充分利用社会经济多元优势。如今,浙江省明确提出的智能化改革与创新,不是单纯的变革,而是改革与创新的基本迭代发展,是政府部门和企业的战略转型。这是数字浙江基础设施建设和政府部门企业战略的新纽带。我们应适应人民群众和企业对政府部门高效服务的要求，促进政府部门和企业的战略转型，加快"基于现实和第一现实的全面智能治理"当代政府部门的基础建设。政府服务中心的"一网通办"率达到81.6%，个人和企业的项目生命周期问题的56项已经完成了"一件事"的全步骤申请流程，"掌上办事之省"和"掌上办公之省"已经基本完成。根据数据调查报告，截至2020年年底，浙江省"最多跑一次"改革创新完成率为95.1%，满意率为98.4%。

为了满足公共场所精确整治的需要，浙江省实施了一项重大的自主创新和服务项目改进举措，以智能的方式完善全省的交通安全设施、旅游景点、文化艺术展览馆、商业圈、销售市场、公共运动场所、诊疗场所、车辆检查站及城市公共厕所等，优化服务项目的自然环境并提高治理效率。

杭州火车东站采用了人脸识别查询、临时身份证件自助服务申请、智能出租车生产调度及网上抢险救援等功能，有效为旅客提供了"一站式"服务。在淘宝公布的首批百亿智能产业集群中，有9个是浙江省的产业集群。

为促进产业链企业的战略转型，浙江省的进一步措施陆续浮出水面：2020年3月，浙江省实施了"超级工厂"计划，重点关注产业链所承载的加工和制造业，使用项目生命周期数据进行预测和分析工作，准确地联系制造商和客户，传统公司能够把握消费升级的商机；2020年年底，浙江省公布了首批12家"未来工厂"，涉及数据智能安全、通信网络、精密机械制造、汽车及零部件制造等，被誉为"黄冠王"。可见，智能制造系统已经成为世界高端装备制造业基地的核心。

智能改革和创新不仅是技术层面的，而且是法规层面的。前文提到的许多内容涉及技术改进和硬件配置的基本构建，如自然村中4G网络的全面覆盖、云数据中心的基本构建及移动平台的构建，人们可以借助在线政府服务中心完成事项申报。如今，智能化的改革创新重塑了审批流程，整顿了规章制度，着眼于塑造数据概念和逻辑思维，建立数据治理体系发挥了重要作用。

智能改革和创新意义重大，是一个长期的迭代更新过程，涉及经济发展、政治、文化和艺术，以及社会发展及生态文明建设的方方面面。依靠智能改革和创新，浙江省建立和完善了"金融业数据大脑"服务平台，大大提高了中小企业的借贷率。在这个阶段，服务平台的总交易额超过1.3万亿元，信贷额度超过3600亿元。针对63万家纳税B级及以上的中小企业，浙江省逐一整理了非贷款家庭的详细情况和相关的融资需求。到2020年，第一批贷款公司的数量增加了116000个。

对于遇到临时困难的中小企业，浙江省竭尽全力帮助其摆脱困境：开设"双重保证"应急股权融资示范点，采用自主创新风险分担制度，大规模贷款有担保。截至2021年3月15日，浙江省已累计发放紧急贷款245亿元，应用于2万家企业和47.3万名学生。

杭州市发改委办公室副主任马俊曾表示："数字化改革不仅提高了效率也增进了诚信，传递了彼此的温度。类似的数字化应用在杭州还有许多，比如杭州首创的健康码、舒心就医服务等，它们都依托杭州的城市大脑。城市大脑目前已经打通了全市104个部门的系统，汇聚了1500多亿条数据。"

面对复杂的自动化控制，工业生态系统的智能改革和创新需要细致的区域部署、控制系统设计、协作推广、务实创新，摆脱数据堡垒、消除数字鸿沟，完善公司的治理体系，促进整个社会的发展。

从政府部门管理方法的角度来看，管理方法已经指明了对技术的要求。要基于智能系统软件创建标准化的系统，实现单位内部和单位外部之间的资源共享，提升纵向和横向两种管理方法级别，直至各部委和部门，再到社区业务流程协作，促进单位之间的资源共享、和谐互动。要提高沟通能力，促进政府部门组织结构的扁平化设计，为提高政府的执政能力奠定制度基础。

从社会管理创新的角度来看，补救方法也对技术有相应要求。在运用现代电子信息技术的基础上，我们能够更好地掌握信息，协调行动。

自上海率先实施垃圾分类回收以来，中国的各个省份都相继做出回应。最近，城市的垃圾分类回收工作大受欢迎。与基本的垃圾分类和回收工作相比，当地市政工程部门安装了中国电信的"天翼看家"产品，以帮助管理垃圾分类和回收。继在防疫、防洪等方面"大展身手"之后，"天翼看家"充分发挥了促进社会发展和环境整治的关键作用。

广州市增城区中信镇共有 64 个垃圾分类和回收促进点。对垃圾分类和回收利用的管理需要准确、及时。此外，还必须确保该区域的清洁服务。及时性是垃圾回收工作中更为困难的一点。为了应对这一难点，中信镇在住宅小区促进点附近安装了"天翼看家"监控摄像头，进行智能化垃圾分类回收利用。使用"天翼看家"，垃圾分类和回收管理者可以远程控制该控件，有助于发现乱抛垃圾或分类不正确的现象。他们还可以使用监控摄像头的视频和语音对讲系统来提示社区居民，除了提高工作效率和居民参与垃圾分类、回收利用的主动性，还合理地促进了垃圾分类和回收工作的精细化管理，这项工作已得到普遍认可。

## 4.2　政府数据开放和横向协作需求的爆发

智能技术与服务项目和政府服务的创新成果相结合，可以促进技术创新、业务流程优化和政府服务的高效改进。从近年来的一系列政策部署中可以看出，根据数据共享、信息共享及政府服务部门之间的协作与联系，部门协作数据和信息的流动将得以完成，整体效率也将得到提高。公共文化服务的比例将得到提高，居民和公司的压力也将会减少。贵州省 GDP 的增长率已连续 5 年位居中国第一，已经建成超过 20000 个 5G 基站，使用云服务器的公司总数增加了 20000 个。此外，贵阳市贵安政府部门的数据和信息公开水平已连续四年居全国前列。中国电信、中国联通和中国移动三大通信运营商，以及华为、腾讯、苹果等国内外多家骨干企业的数据中心已在贵州省建成并投入使用。全省信息产业的发展趋势已经完成了从"成风顺畅"到"扎根"再到"聚合潜能"的"三重跳"。现阶段，我国 80% 以上的公开数据都在各个政府机构的手中。遗憾的是，行政部门的传统意识较强，导致信息资源的所有权分散，信息资源部门化，许多政府部门的数据和信息"深藏闺中"，造成信息资源的极大浪费。

部门协作信息的共享和业务流程在线化的潜在危害较大。因此，需要提高政府机构的信息共享和协作能力，尤其是要加强部门间、跨地区和跨部门协作的创新。"物理场景的融合是共享数据和信息资源的结果。"贵州省网络信息中心公共数据开发与设计处处长韩竹阳说道。通过权力下放、管理和服务改革，贵州省企业办理业务所需要的时间已经缩短到 2.2 天，建设项目的审批时间减少到 80 个工作日以内。

"在部门需要协作以提供数据信息之前，他们不得不编写应用程序甚至召开特别会议。现在，你只需要在每个人的信息共享和交换平台检查文件目录，就可以先了解是否需要数据信息。服务平台上已经共享了资源，以及获取资源所需的标准。"贵州省信息中心数据共享开放处处长韩朱旸说，如今，单位之间的数据和信息要塞已经打通。

为了方便数据和信息应用单位尽快在数据库查询中找到所需的数据信息，贵州省基本建成了精准扶贫、个人信用等 12 种主题风格的数据库。例如，精准扶贫主题的数据库收集了 15 个省级单位、34 个数据项、2.03 亿条准确的扶贫公开数据，可以作为准确扶贫和贫困预警信息检测的数据支持点。

韩朱旸表示："扶贫方面的数据资源是更新最快的主题数据之一。"农民个人和家庭收入、看病支出、教育支出等数据都会由相应部门收集，及时形成可共享的数据，以此为基础，扶贫办就可以通过调取数据发现因灾返贫、因病返贫等情况的苗头，并及时采取相应对策。

积极开放政府数据资源，有助于让公众分享大数据红利。首先，信息开放是保障公民知情权、监督权、参政议政的民主政治权利的前提；其次，数据开放是实现信息价值最大化的前提和最有效的途径；最后，数据开放是公众分享数据红利的体现，是满足公众数据获得感的有效保障。到 2018 年年底，我国已建成国家政府数据统一开放平台。2020 年，八大民生保障服务领域（资源环境、气象海洋、地理交通、医疗卫生、就业社保、信用金融、企业监管、文化教育）的国家数据面向社会开放。此外，地方政府也积极步入数据开放行列，并加快政府数据开放进程，推动制度化、规范化，让政府数据更接地气，发挥最大价值，让公众充分共享最大数据红利，形成开放是常态、是惯例、不开放是例外的数据开放机制。政府数据在社会层面的横向协作应用是推动数据开放，发挥数据价值的最好手段，也是实现全面数字化的重要实践。

## 4.2.1　银行业支持民营企业发展条例：数据开放共享

改革开放以来，民营企业在促进自主创新、促进就业、改善民生和扩大进口方面发挥了不可替代的作用。自 2018 年 11 月民营企业交流会以来，《关于加强金融服务民营企业的若干意见》《关于促进中小企业健康发展的指导意见》等支持民营企业发展的关键政策出台。2019 年 12 月 22 日，《中共中央　国务院关于营造更好发展环境支持民营企业改革发展的意见》公布，包含 28 项实际措施，主要涉及市场环境、当前的政策自然环境、法治环境、创新发展、标准发展趋势及政府与企业之间的关系等内容推动了工作经验和政策措施系统化、标准化，指明了民营企业的发展趋势，以及新的问题和挑战，提出了工作重点和方向。

我们也可以依靠金融行业技术的力量来解决中小企业融资困难问题。许多银行已经使用区块链应用程序构建供应链，管理应收账款投融资平台，并引入大数据和人工智能技术，为中小企业发放信用贷款，用于提高企业信用等级。我们以互联网金融化解中小微企业融资过程中遇到的问题为例。小微企业融资难，首次获得贷款尤其难。针对这一难题，浙江银保监局大力拓展首贷户。"我们针对 63 万户纳税 B 级及以上小微企业，梳理无贷户清单，逐家对接融资需求，2020 年新增首贷企业 11.6 万家，首贷金额 3356 亿元。"浙江银保监局局长包祖明说。

浙江银保监局在台州市探索开展融资监测全覆盖工作，对该市 22 万家企业法人及 40.8 万家个体工商户全面开展融资监测、对接和服务。

除了首贷难，抵押难也是小微企业融资路上的"拦路虎"。通过充分运用浙江省金融综合服务平台等的数据，相关机构探索大数据风控模式，加大信用贷款产品创新和拓展力度。2020 年 2 月末，辖区内小微企业信用贷款余额 5414 亿元，占小微企业贷款余额的比例上升到 12.9%。

对大行来说，客户经理难以下沉覆盖数量众多的小微企业，服务小微企业的确风险较高。不过，在金融科技的帮助下，大行已经想出了新办法。传统大行的信贷支持、风控体系和前中后台管理，都是围绕着大型企业设计的，风险缓释措施主要依赖抵质押物或连带保证等方式，流程复杂。按照这套流程面向小微企业服务，效率很低，并且用人工的方法受理、审批成本很高。破解这一困境的关键是全面、准确、快速掌握企业的各类真实数据。通过企业级互联互通、与外部数据整合共享的基础数据，大行能够快速、准确地了解小微企业状况，对客户的识别、筛选、风险控制已由客户经理逐户管理转变为"数据盯客"，现在一个客户经理可以通过自动化系统更高效地服务成百上千的客户。

在这种模式下，小微企业在申请贷款时只需要银行掌握其准确数据，再利用大数据，在线上自动完成客户筛选、额度测算、定价、贷中、贷后等信贷流程即可，这从根本上改变了小微企业信贷业务模式。同时，银行也降低了业务处理成本和风险成本，使大批量为小微企业提供融资服务成为现实。信息不对称是银行和小微企业之间资金供求错位的重要原因，浙江省正在通过数字化改革逐步解决这一难题。

浙江省金融综合服务平台自 2019 年 11 月上线以来，累计交易量超过 1.3 万亿元，数据查询量超过 5200 万次，199 家银行、8708 个业务网点对接入驻，惠及企业 108 万余家。

包祖明说："依托平台直接完成授信超 3600 亿元，其中，17.2%的客户为首贷户，90%的贷款 3 天内完成授信，93.3%的贷款为普惠型小微贷款，26.5%的贷款以纯信用方式发放，真正变'群众跑腿'为'数据跑路'，科技赋能让小微企业贷款获得率大大提高。"

做好小微企业金融服务，单靠金融政策远远不够，多部门必须联动、形成政策合力。一方面，联动省商务厅、经信厅，针对浙江省十大标志性产业链，引导机构制定"一链一策一方案"，精准支持产业链上下游的小微企业。另一方面，联动省科技厅，推动银行机构对国家级高新技术企业和省级科创型小微企业提供"全生命周期覆盖+增值服务"方案。

下一步，浙江银保监局将以金融服务基础设施建设为支点，全方位撬动金融领域数字化改革，加深数据应用的深度，为实现金融资源的精准配置创造良好条件。

## 4.2.2 大数据局，国有数据开放

政府部门数据信息的综合利用，是深入实施互联网大数据发展战略、促进实施创新驱动发展战略定位的重要措施之一。政府部门发布的数据信息通常被定义为通过公共资源网络的应用程序转换的数据信息，可以在独立的应用程序中多次重复使用和重新打包。

形成管理系统的数据信息法是政府部门数据信息公开应用的基础。政府部门数据信息的汇总是进一步开放和综合利用政府数据信息的基础。一些西方主要资本主义国家建立了以政府信息共享和复用为核心的统一国家政府部门数据信息收集与共享平台，从而有序收集政府部门数据信息。

在我国实施大数据发展战略的过程中，有关部门积极推动政府部门公共数据的公开共享和综合利用，并出台了一系列探索性政策。《关于构建更加完善的要素市场化配置体制机制的意见》强调，要加快数据信息的培育，促进重点行业和政府部门数据信息的开放。通过公共数据的合理流动，在农牧业、工业生产、交通运输等重点领域加强对政府部门数据信息的综合利用。

2016年，国家多个部门进行协调，以促进我国互联网大数据综合试验区的基础设施建设，并在示范点创建了政府部门公共数据文件目录管理系统和开发人员平台管理系统，以此促进政府部门公共数据的开放和收集。"近年来，每个人都为促进数字贸易的发展趋势做出了努力，这为建设数字国家提供了有力的支持。"有关负责人在详细介绍我国数字贸易的发展趋势时提道。

此外，产业基础不断完善。如今，我国建成了大规模光纤网络和 4G 网络，5G 终端的连接数量超过了 2 亿部；软件和信息服务业、电子信息制造业、通信服务业等快速发展。以软件为例，2020 年软件业务收入达 8.16 万亿元，同比增长 13.3%，数字化转型步伐不断加快。同时，在制造业方面，我国大力推动工业互联网建设，目前全国具有一定影响力的工业互联网平台超过 80 个，各种类型的工业 App 超过 35 万个，有力支撑产业提质与降本增效。

## 4.3 数据要素成为新的生产原料

数据已经成为经济社会运行中基本的生产要素。当今世界进入了以信息产业为主导的新经济发展时期，在信息技术加快物质经济向数字经济发展模式转变的过程中，不断沉淀的数据以每两年翻一番的速度呈爆发式增长趋势，我国云计算、区块链、物联网、移动互联网等新一代信息技术不断突破，数字新基建领域国家战略全面落实，进一步加速了信息经济时代从 IT 到 DT 的升级，数据资源已然成为重要的战略资源和核心创新要素。如今，我国大数据产业供给结构逐渐形成，行业应用成为热点。"特殊之年"的《政府工作报告》出现了诸多创新之举和特别安排，"培育数据市场"被首次写入其中。若把石油比作工业的"血液"，那数据无疑就是数字经济的"石油"，中国未来应如何挖掘，已成为多方关注的焦点。一个市场的运转前提在于要素确权。"当数据成为生产要素时，立法必须紧紧跟上，如同保护土地、劳动力、资本、技术和知识一样，强化对数据的保护。"周汉民直言。可见，对作为商品和资产的数据进行确权，十分必要，也是极为基础性的工作。

经济学家杨成长认为，数据作为新要素，其产权属于数据原始所有者、数据收集者、数据运算者等。不过，数据类要素的确权仍是难题，需要监管部门反复思考和摸索。"5G泛在小镇"是以第五代移动通信技术为支撑的智慧小镇。它让数据成为生产要素，构建面向未来、无所不在的5G网络，打造"共生、共荣、共享"的信息生态体系，实现"信息随心至、万物触手及"的万物互联。

其中，一方是智慧城市建设领跑河南省的许昌市，另一方是研究5G技术的"国家队"北京邮电大学，双方联合建设的北邮许昌基地，为许昌"5G泛在小镇"的建设提供了核心技术支撑。

信息产业通常基于物联网等技术来收集数据资源，并进行存储。在服务行业中，与互联网大数据的收集、存储、解析、分析和挖掘及业务系统有关的所有组织和主题活动都属于信息行业。

在这种情况下，世界各地都希望能够操纵和使用公共数据，创造更高价值。此外，随着云计算的发展，揭露私人信息、公司商业机密变得更加容易。如果这个大数据分析平台是所有海外组织所有的，那么对于一国安全来说显然是不可想象的潜在威胁。从这个意义上讲，大数据资源与国家主权的安全联系在一起，数据资源成了国家战略竞争与国际竞争力的重要内容和发展方向。

当前，数据的跨境移动已经成为各国管控的重要事项。欧洲近年来开始强调网络主权与数据主权，在其个人信息保护的立法中率先将个人信息的保护延伸到境外，也可说是一种新的"长臂管辖"。其主要内容体现在2018年5月开始实施的《通用数据保护条例》（GDPR）。这是史上最严厉的个人信息保护政策之一，为个人的数据跨境流动设置了严格的限制条件。

## 4.4 多种业态充分发展

数字科技和数据资源构建的数字世界延伸出多种新型业务,改变着我们生活的方方面面。以下四个领域最具有代表性,包括柔性生产、零工经济、自动驾驶及生物识别。我们将以实例的形式展现数字经济带来的改变。

### 4.4.1 柔性生产

中国互联网大数据市场容量持续增长。互联网大数据不仅着重于信息量,而且更重视从数据信息中获得使用价值的能力。尽管业界对互联网大数据的范围和内部对应关系有着不同的理解,但人们普遍认为,互联网大数据并不是对信息"大小"的简单定量分析和描述。互联网大数据的真正战略地位建立在总结工作经验、发现规律、预测和分析发展趋势、协助管理决策、获得使用价值,以及从分散、庞大和多样化的数据"深海"中完全释放的能力之上,以促进新一代信息技术和各个领域的深度耦合、跨类型的自主创新。

### 4.4.2 零工经济

关于零工经济的定义和范围,学术界尚未达成一致。一些专家和学者认为,零工经济是一种"影子式"的经济形式,其影子公司拥有许多临时雇员和少数的长期雇员。根据"临时工作"一词的含义，一些专家和学者将"临时工经济"定义为"正在发展为可适应此类个人工作的企业和业务服务管理系统"。也有许多专家学者尚未在科学研究中做出定义，而是立即定义并说明了零工经济的类型和范围。但是，通常认为，在线打车服务平台 Uber、食品配送应用 Deliveroo 和小型操作平台 Amazon Mechanical Turk（亚马逊 Turk 的智能机器人网站，简称 MTurk）是零工经济的典型代表。

近年来，随着电子信息技术在生产和生活中的深入渗透，基于数字平台的零工经济在世界各国迅速流行。在短短的几年内，即时运输、即时送餐、客房整理、按需软件开发，以及在线劳动力众包平台等新兴产业已成为经济发展的新鲜血液。根据 23 家直播平台的统计数据，截至 2020 年年底，行业主播已超过 1.3 亿人。根据 Influencer Marketing Hub 统计，全球线上直播产业规模仅 2019 年 4 月到 2020 年 4 月就增长了 99%，主播平均月工资为 3000～5000 美元，预计视频直播产业市场规模将在 2028 年达到 2239 亿美元。在我国，2022 年 2 月 Frost & Sullivan 发布的《全国网约车司机生存状态调研报告》显示，网约车司机已超过 3000 万人，外卖骑手超过 1000 万人，仅美团外卖就有骑手 470 万人。根据 Statista 预计，2022 年全球外卖行业收入规模将达到 3438 亿美元。

零工经济的迅速崛起和巨大成功在社会和学界中催生了这样的一种主流观点：基于数字平台的零工经济既能使每个人都可以成为微型企业家，有机会运用知识和网络"实现个人理想中的职业成功及个人生活的成功"，也能使企业根据用工需求雇用工人劳动，从而降低用工成本、提高企业效率。总之，基于数字平台的零工经济是一种运用新技术的新型、灵活用工方式，可以实现劳资双赢。

### 4.4.3　自动驾驶

在洛阳市城乡一体化的北京邮电大学郑州产业基地示范园区，无处不在的互联网技术成果展示让参观者感到惊讶。

在 Magnolia 公路上，一个 5G 无人驾驶扫地机以 20 千米的速度行驶了近 300 米，准确地完成了一系列清理道路、避开障碍物等操作。

"这是在 5G 场景下运行无人驾驶扫地机的实验。它使用诸如物联网和云计算之类的技术来完成人车分离和远程控制干预，具有广阔的应用前景。"该 5G 无人驾驶控制命令系统由北京邮电大学网络信息实验室博士生王鲁晗团队研发。

王鲁晗博士表示，根据 5G 互联网研发的协作无人驾驶技术使自动驾驶汽车能够解决对汽车末端传感器的依赖问题，并在 5G 自然环境中完成无人智能系统的清洁工作，这是 5G 无人驾驶及特殊车辆驾驶技能应用的新突破。

作为一种电子信息技术，无人驾驶汽车具有不同的功能。因此，无人驾驶汽车可以更灵活地解决可能出现的问题，我们基于以下内容进行解释：

#### 1. 均匀化和去耦

同质化来自所有数字信息呈现相同形式的事实。在数字时代，各行业都制定了关于如何存储数字信息及以何种格式存储数字信息的相关标准。这种均匀化概念也涉及自主车辆。为了让自主车辆感知周围环境，它们必须采用不同的技术，每种技术都附带自己的数字信息（如雷达、全球定位系统、运动传感器和计算机视觉）。由于均匀化，不同技术的数字信息也会以均匀的方式存储。这意味着所有数字信息都以相同的形式出现，它们的差异将被解耦，并且数字信息可以被车辆及其操作系统更好地理解，并可采取相应行动来传输、存储和计算。同质化也有助于指数级地提高软硬件（摩尔定律）的计算能力，这也支持自主车辆以更具成本效益的方式来理解数字信息，并对其进行响应，从而降低边际成本。

## 2. 连通性

连通性意味着某种数字技术的用户可以轻松地与其他用户、应用程序甚至企业进行连接。为了最有效地运行，自动驾驶汽车必须与其他设备连接。自动驾驶汽车装有通信系统，使其能够与其他车辆和路边单元通信，便于接收道路工作或交通堵塞等信息。此外，科学家相信未来会有计算机程序来连接和管理每一辆行驶在十字路口的自主车辆，这种连接方式将会取代交通信号灯和停车标志，这些类型的特征驱动并进一步提高自主车辆与其他相关产品和服务系统（如交叉路口计算机系统）合作的能力。这可能会推动自主车辆网络的诞生，所有车辆都将使用相同的网络并共享该网络上可用的信息。最终将会有更多的自主车辆使用该网络，因为信息的可靠性已经通过其他自主车辆的使用得到验证。这种信息交互将增强网络的价值，被称为网络外部性。

### 4.4.4 生物识别

生物识别的本质是，在电子计算机与电子光学、声学材料、生物传感器和微生物统计学等新技术紧密结合的基础上，通过电子振动的原始生理特征（如指纹识别、手指静脉识别、面部、视网膜等）和个人行为特征（如笔迹、声音、姿势等）进行个人信息评估。

以移动支付行业为例，各种生物识别技术的应用现状如下：首先，指纹验证的使用和接受程度最高。指纹验证由于其识别准确、方便快捷及较高的接受度而被广泛应用于身份验证和支付认证中，可以说是当今使用最广泛的生物识别技术之一。其次，在银联 QuickPass、阿里巴巴支付宝、微信支付、易支付等应用中，指纹验证取代了传统的交易密码和手机验证码，作为资产支付的认证方式，提供了更优质的客户体验。最后，诸如面部声纹识别和视网膜之类的关键技术也得到了改进。随着移动智能终端系统配置的优化，人脸和声纹识别及虹膜识别技术已经进入了金融行业的应用环节，如辅助身份认证和远程控制身份认证。但是，由于安全系数和接受程度的限制，这些技术尚未被应用于资产支付的高安全系数方案中。

根据生物识别技术科学研究组的数据，早在 2015 年年底，已有 6.5 亿人在移动设备上应用了生物识别技术。到了 2018 年，移动设备生物识别技术应用的行业规模达到约 90 亿美元。截至 2020 年年底，移动设备生物识别领域的全球收入达 450 亿美元，生物智能识别手机的用户规模从 2015 年的 2 亿人增加到 20 亿人，市场年复合增长率达到 20.1%。

此外，据估计，当前至少有四分之三的智能手机用户没有使用密码保护其设备安全。随着信息技术在消费领域的日益普及，人们进行移动支付及便携办公的需求日益增加。根据美国独立咨询公司 Strategy Analytics 的报道，截至 2021 年 6 月，全球已有 79 亿人拥有智能手机，而早在 2020 年，移动支付交易也已经达到 7500 亿美元，用户总量超过 7 亿人。

# 第二篇

# 星 移 斗 转

## 从变革到改革

PART TWO..................

# 第 5 章
# 数字化改革的总体框架

## 5.1 改革路径有迹可循

数字经济伴随着信息技术革命而发展起来，通过技术的融合与革新引领了数字经济互联网的新纪元。如图 5-1 所示，我国的数字化改革需要追溯到"十三五"规划所提出的大数据战略，数据资源的开放与共享是实现数字化发展的首要条件。由此，大数据技术也逐渐被大众所熟知。随后，"互联网+""数字中国""数字政府""农村数字经济""产业数字化转型"等概念与举措被接连提出，进一步拓宽了数字化改革道路，相应的数字化基础设施、数字化平台等的建设工作也在不断完善。2021年是"十四五"规划的开局之年，也是全面建成小康社会、开启全面建设社会主义现代化国家新征程的关键之年，更是数字化改革的成果转化之年。目前，云计算、大数据、物联网、工业互联网、区块链等产业被视为核心发展领域，而技术型人才正是推动我国实现数字化改革的中坚力量。

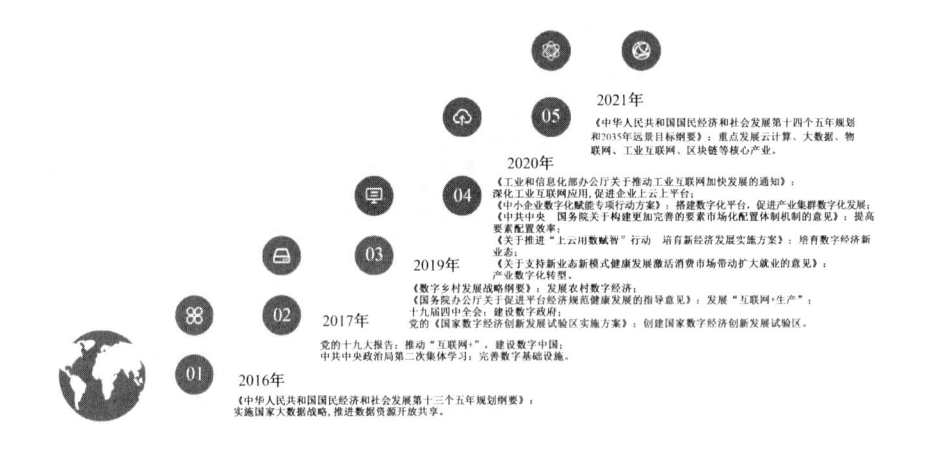

图 5-1　截至 2021 年 3 月底，我国数字经济行业重要政策

聚焦数字经济下的智慧城市，走在了数字化改革的最前列，成为"十四五"时期的开局热点。从国家到地方层面均出台了一系列助力智慧城市建设的系统性新政，北上广深四大一线城市，以及杭州、成都、武汉等新一线城市均在智慧城市方面不断加码，全面推进城市的智能化建设与数字化发展。自住房和城乡建设部（简称住建部）发布三批智慧城市试点名单以来，目前共有 290 个试点城市，其中华东地区的试点城市分布最为集中。如图 5-2 所示，

全国智慧城市的建设工作已经取得一定成果，数字公交、智慧医疗、智慧政务、智慧城管等应用已经得到实施，各城市的"智慧大脑"系统也在不断完善中，不同部门间的联通工作更是实现了精细化社会治理。

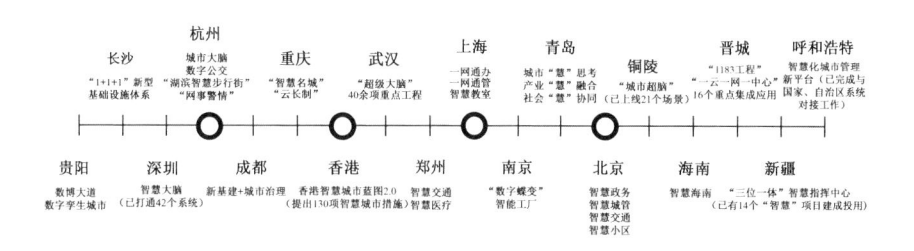

长沙　"1+1+1"新型基础设施体系
杭州　城市大脑、数字公交　"湖滨智慧步行街""网事警情"
重庆　"智慧名城""云长制"
武汉　"超级大脑"40余项重点工程
上海　一网通办　一网通管　智慧教室
青岛　城市"慧"思考　产业"慧"融合　社会"慧"协同（已上ьско21个场景）
铜陵　"城市超脑"
晋城　"1183工程""一云一网一中心"16个重点集成应用
呼和浩特　智慧化城市管理新平台（已完成与国家、自治区系统对接工作）

贵阳　数博大道　数字孪生城市
深圳　智能大脑（已打通42个系统）
成都　新基建+城市治理
香港　香港智慧城市蓝图2.0（提出130项智慧城市措施）
郑州　智慧医疗
南京　"数字蝶变"智能工厂
北京　智慧政务　智慧城管　智慧交通　智慧小区
海南　智慧海南
新疆　"三位一体"智慧指挥中心（已有14个"智慧"项目建成投用）

图 5-2　全国主要智慧城市建设情况概览

浙江省作为国家数字经济创新发展试验区的先行省份，早在2003年便提出了发展的总纲领——"八八战略"，对浙江省的数字经济发展产生了重要而深远的影响。从改革开放至2021年的全省数字化改革大会，浙江省数字经济发展大致经历了起步期、突破期、示范期及深化发展期四个阶段。如图5-3所示，2003年提出的"数字浙江"建设工作已经公布了多项便民成果，比如"最多跑一次"改革和杭州互联网法院被评为数字中国建设年度最佳实践。从2017年首次提出实施数字经济"一号工程"，到2020年提出深入实施数字经济"一号工程"，再到实施数字经济"一号工程"2.0版，浙江省正处于深化发展期。除了在"城市大脑"的建设上发力，浙江省还推进了"数字大湾区""移动支付之省"等十大标志性、引领性项目的建设。

发展至今，浙江省用实际行动证明了发展数字经济是正确且必要的。抓住数字化改革的机遇，浙江省预计在2025年建成全国

```
2003年                               01
"八八战略"、《数字浙江建设规划纲要
（2003—2007年）》推进"数字浙江"建设

2014年            02         2017年                03
《浙江省信息经济发展规划（2014—2020    省委经济工作会议——实施数字经济
年）》"三新两智一基础"战略任务      "一号工程"，落实"3386"建设体系

2020年            05         2018年                04
《浙江省国家数字经济创新发展试验区建设   《浙江省数字经济示范省建设方案》和
工作方案》——数字化转型七大工程      《浙江省数字经济五年倍增计划》——数字化发展

2021年            06
全省数字化改革大会、《浙江省数字经济
促进条例》——构建数字化改革体系
```

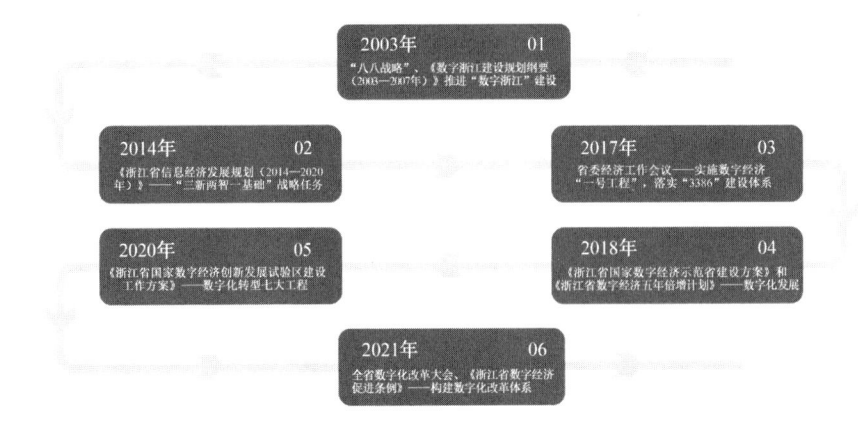

图 5-3　浙江省数字化改革政策

数字产业化发展引领区、全国产业数字化转型示范区、全国数字经济体制机制创新先导区和具有全球影响力的数字科技创新中心、新型贸易中心、新兴金融中心，也就是所谓的"三区三中心"。另外，还计划让全省数字经济总量达到 5.4 万亿元，占国内生产总值比重突破 60%。由此看来，浙江省对发展数字经济持有百分百的信心与决心。在 2021 年开年，浙江省便动作频频。2021 年 1 月，浙江省第十三届人民代表大会第五次会议通过《浙江省国民经济和社会发展第十四个五年规划和二〇三五年远景目标纲要》。同年 2 月，浙江省召开全省数字化改革大会。3 月，正式实施全国省级层面第一部以促进数字经济发展为主题的地方性法规——《浙江省数字经济促进条例》，两会期间国务院主要领导更是对浙江省将数字经济作为"一号工程"的发展方向表示肯定。因此，浙江省的示范与引领作用将进一步突出，有望在数字化改革之际争当数字经济强省（见表 5-1）。

表 5-1 浙江省数字化改革政策汇总

| 时间 | 政策/会议名称 | 内容 |
| --- | --- | --- |
| 2003 年 7 月 | "八八战略" | 完善社会主义市场经济体制,对内对外展开经济开放和合作,加快先进制造业基地建设,走新型工业化道路,坚持以信息化带动工业化,推进"数字浙江"建设 |
| 2003 年 9 月 | 《数字浙江建设规划纲要（2003—2007 年）》 | 以信息化带动工业化,以工业化促进信息化,实施走新型工业化道路的发展战略,使信息化、工业化、城市化、市场化和国际化的进程有机结合 |
| 2014 年 5 月 | 《浙江省人民政府关于加快发展信息经济的指导意见》 | 打造"七中心一示范区",即把浙江省建成国际电子商务中心、全国物联网产业中心、云计算产业中心、大数据产业中心、互联网金融创新中心、智慧物流中心、数字内容产业中心,深入推进信息化和工业化深度融合国家示范区 |
| 2015 年 2 月 | 《浙江省信息经济发展规划（2014—2020 年）》 | 部署实施以"三新两智一基础"为主要内容的战略任务,着力突破新技术、壮大新产业、强化新应用,大力发展智能工业、建设智慧城市,全面提升信息经济基础设施水平,不断提升全省信息经济综合实力,形成信息经济引领全省经济发展、信息经济总量规模领跑全国、信息经济质量水平闻名全球的新格局 |
| 2015 年 12 月 | 《中国制造 2025 浙江行动纲要》 | 建成国内领先、有国际影响力的制造强省,明确机器人与智能装备、通信网络与智能终端、物联网、云计算、大数据和工业软件等 11 个产业发展重点领域,充分发挥市场在资源配置中的决定性作用并更好地发挥政府作用 |
| 2016 年 1 月 | 《浙江省"互联网+"行动计划》 | 重点在"互联网+"创业创新、产业融合、益民服务、治理体系现代化、关键技术研发和基础设施建设等领域实现重大突破,进一步提升中小企业互联网使用率和电子商务的全球影响力,力争在智慧物流、云计算、大数据、互联网金融创新和电子政务等领域成为全国"互联网+"先行示范区 |

续表

| 时间 | 政策/会议名称 | 内容 |
|---|---|---|
| 2016年2月 | 《浙江省促进大数据发展实施计划》 | 将浙江省建设成全国大数据产业中心,推进大数据的快速发展和运用,促进经济转型升级,完善社会管理、政府服务和管理能力,完成政府数据基础设施平台、基础信息数据库建设,到2020年年底,各级政府数据实现集中管理,政府数据依法依规全面共享和开放 |
| 2017年4月 | 《浙江省国家信息经济示范区建设实施方案》 | 明确在发展信息经济上要"先行先试、大胆创新",大力发展信息经济关键新技术,加快互联网与传统产业深度融合和传统产业数字化、智能化,做大做强信息经济,拓展经济发展新空间 |
| 2017年12月 | 省委经济工作会议 | 把数字经济作为"一号工程",大力实施大数据战略,深化数字浙江建设,加快建设"三区三中心"、突破八大重点领域、落实六大保障措施的"3386"建设体系,形成数字经济引领发展的新格局、新优势 |
| 2018年4月 | 《浙江省深化推进"企业上云"三年行动计划（2018—2020年）》 | 工业互联网发展达到国内先进水平,形成"1+N"工业互联网平台体系,深化企业云计算应用,完善云计算产业生态体系,促进全省数字经济发展和经济转型升级 |
| 2018年5月 | 《杭州市城市数据大脑规划》 | 到2022年,杭州要基本完成城市数据大脑在各行各业系统的建设,投入实际运行,成为支撑城市可持续发展的基础设施 |
| 2018年7月 | 《浙江省国家数字经济示范省建设方案》和《浙江省数字经济五年倍增计划》 | 以数字产业化、产业数字化和治理数字化为发展主线,全方位、系统性地推进浙江数字经济创新发展 |
| 2018年9月 | 《深化数字浙江建设总体方案》 | 推动重大标志性数字化项目落地,加快打造数字政府,深化"最多跑一次"改革,推出"浙里办""浙政钉",加快数据共享、流程再造,努力实现"掌上办事""掌上办公";深入实施数字经济"一号工程",扎实启动数字经济五年倍增计划,积极推动数字产业化、产业数字化,加快建设数字科技创新 |

续表

| 时间 | 政策/会议名称 | 内容 |
|---|---|---|
| 2018年9月 | 《深化数字浙江建设总体方案》 | 中心、新型贸易中心、新兴金融中心；着力建设数字社会，深化"互联网+公共服务"，推动"基层治理四平台"建设，构建覆盖全省的民生网、服务网、平安网 |
| 2020年6月 | 《关于实施数字生活新服务行动的意见》 | 以推进生活性服务业数字化、加强新型基础设施建设、构建现代消费体系为重点，创新推广一批新业态新模式，培育壮大一批重点平台和企业，打造一批重点行业、样板城镇和标杆区域，逐步形成以"一图、两码、三平台"为骨干的数字生活新服务生态体系 |
| 2020年8月 | 《关于深入实施数字经济"一号工程"若干意见》 | 以"产业数字化、数字产业化、治理数字化"为发展主线，深入实施数字经济"一号工程"，推进国家数字经济创新发展试验区建设，打造以新技术、新制造、新基建、新业态和新治理为重要特征的数字经济2.0版 |
| 2020年11月 | 《浙江省数字赋能促进新业态新模式发展行动计划（2020—2022年）》 | 深入实施数字经济"一号工程"，全面开展"数字赋能626"行动，国家数字经济创新发展试验区建设取得明显成效，企业数字化转型全面推广，数字赋能社会效益显著，基本形成整体智治的现代政府形态 |
| 2020年12月 | 《浙江省国家数字经济创新发展试验区建设工作方案》 | 实施数字化生产关系构建、政府数字化转型引领等七大工程，建成全国领先的数字政府先行区、数字经济体制机制创新先导区、数字社会发展样板区、数字产业化发展引领区和产业数字化转型标杆区 |
| 2021年1月 | 《浙江省国民经济和社会发展第十四个五年规划和二〇三五年远景目标纲要》 | 坚持系统观念系统方法，健全高效协同、综合集成、闭环管理的工作运行机制，争取在"整体智治"体系建设上实现"一年出成果、两年大变样、五年新飞跃"，推动发展改革各项工作在新起点上实现新突破，忠实践行"八八战略"、奋力打造"重要窗口"，争创社会主义现代化先行省 |

续表

| 时间 | 政策/会议名称 | 内容 |
|---|---|---|
| 2021年2月 | 全省数字化改革大会 | 构建系统配套、远期和近期相衔接、定性和定量相结合的数字化改革体系，找准工作发力点和努力方向，推动改革螺旋式上升 |
| 2021年3月 | 《浙江省数字经济促进条例》 | 以数据资源为关键生产要素，以现代信息网络为主要载体，以信息通信技术融合应用、全要素数字化转型为重要推动力，促进效率提升和经济结构优化的新经济形态 |

## 5.2 坚持问题导向的改革——从信息化到数字化

美国作为曾经的"基建狂魔"，在1930年耗时410天建成103层的帝国大厦，平均每星期造4层，可谓速度惊人。然而，现在的美国陷入了焦虑之中。在基建方面，美国的审批流程涉及17个机构、29部法规和5个行政命令，还需要办理数百个许可证，整个过程需要花费10~20年，而在流程结束后却可能被国会否决。

中国改革开放40多年来，社会经济发展的同时也在持续探索新路径，同时致力于解决不断出现的问题。借鉴欧美国家的经验，我国将科技创新能力视为推动经济发展的重要支撑。如今，中国已经成长为世界第二大经济体，作为"世界工厂"的中国为全世界输出钢铁、汽车、智能手机、笔记本电脑等产品。中国高铁更是享誉全球，截至2019年年底，其营业总里程达3.5万千米，居世界第一。改革开放40多年来，我国在解决问题的过程中寻求开放平衡，由经济弱国转变为经济强国，而其中改革的本质是坚持以问题为导向，聚焦效率与公平的平衡。

随着科技的快速发展和互联网的普及，当今的改革逐步从信息化转向数字化，一方面致力于解决整体和个体问题，另一方面致力于解决部门间缺乏横向协同的问题。系统集成、整体智治的难度最大，也是数字化改革中最关键的建设工作。浙江省政府第七次全体会议明确全局观念，以系统思维统筹谋划各项工作，形成跨层级、跨区域、跨部门的整体智治体系。在实际建设过程中，系统集成需要考虑多方因素，包括对技术架构、体制机制、方式流程、手段工具等进行全方位和系统性的规划与重塑，想要达到"一体化"的变革效果需要个体至整体的全力协同，整个过程耗费的人力、物力和财力更是难以估计。

数字化改革以纵向联动、横向协同为工作机制。其中，横向协同问题需要进行深刻研究和反思。由政府数字化转型反观，跨部门协同治理问题的解决有效提升了政府的运作效率，这是技术赋能的结果，而互联网、大数据、人工智能、区块链等技术的变革价值在政府的数字化转型之路上得到了充分体现，比如层级特征的削弱让政府管理日益扁平化。同时，不同部门间的信息共享也解决了信息不对称问题，降低了沟通成本，将横向协同价值最大化。这样建立的数字政府完成了纵向贯通、横向协同的重要使命，而部门边界的打破则加速了数字治理的发展。从数字政府体制改革的示范作用可以看出，数字化思维是推动政府治理的核心，运用关键技术建设基础设施是协同信息的重要支撑。因此，数字化改革应坚持以问题为导向，突出协同性，处理好局部和全局的关系，强化共建共治共享，建立无缝隙协同政府，全面落实数字经济发展的各项工作要求。

## 5.3 整体智治的系统架构

《中共浙江省委关于制定国民经济和社会发展第十四个五年规划和二〇三五年远景目标的建议》提出，到 2035 年基本实现省域治理现代化，高水平建成整体智治体系和现代政府。整体智治的系统架构，无论理论创新还是技术逻辑，都从顺应数字化改革的发展出发，以整体协同、高效运行、精准服务、科学管理为核心，强调现代化、整体性和智能化，以整体性的组织形式提升治理能力，推动省域经济社会发展和治理能力的质量变革、效率变革和动力变革。

从技术逻辑出发，整体智治的系统架构对生产关系、科技和数据资产管理产生了深远的影响。融合大数据、云计算、区块链、人工智能等新技术，建立与数字生产力匹配的数字化生产关系，从而释放先进数字生产力的巨大创造力。生产关系是人们在物质资料生产过程中形成的社会关系，在以区块链网络为发展重点的数字社会中，社会关系会慢慢从以中介为链接中心逐渐转移到点对点的关系模式下。这种中介参与的三角关系，通常被称为"三角规则"。中介作为第三方存在，其本身可以说是双方达成信任的基础，只有在双方都信任中介的前提下，交易才有可能达成，才能构建出这样的三角关系网络图。而在点对点的信任模式中，信任来自技术本身。如此一来，数据作为新的生产要素，更是重要的战略资产，若是对数据资产的管理采用分布式模式，就可以促进数据确权与流转，对推动数字经济的发展产生积极作用。

从理论创新出发，新资本论提出的数字资本主义下的新问题，可以通过整体智治的系统架构，从底层入手进行根治。当前最突出的问题是错误信息太多，而正确信息不够充足，从而导致信息过剩与信息赤字并存。在数字经济时代，组织、分析和利用数据是解决问题的关键。建立整体智治的系统架构在本质上是对社会所产生的数据进行全局规划。具体来说，在顶层设计上强调以数字化改革撬动各领域的全方面改革，在技术基础上强调实现向智能化升级，在业务架构上强调构建统一的公共数据平台，围绕数据收集与数据分析确定决策结构，为良性的社会关系和社会环境的发展助力。

## 5.4 数字化改革的目标

数字化改革的目标在《浙江省国民经济和社会发展第十四个五年规划和二〇三五年远景目标纲要》中得到体现："十四五"时期，"整体智治、唯实惟先"的现代政府基本建成；到 2035 年，高水平建成整体智治体系和现代政府。

数字化改革需要经历一个长期的螺旋式迭代过程，为此，浙江省在整体智治体系建设上明确了"三步走"方案——一年出成果、两年大变样、五年新飞跃。聚焦"应用成果+理论成果+制度成果"，推动各地各部门各系统核心业务和重大任务流程再造、协同高效，构建整体智治体系，破除制约创新发展的瓶颈，激发经济社会发展活力，加快实现省域治理体系和治理能力现代化，打造全球数字变革高地，努力使数字化改革成为"重要窗口"的重大标志性成果。

总之，数字化改革目标以综合应用的建设为基础，通过系统性重塑经济、政治、社会、法治等领域的体制机制、组织架构、方式流程、手段工具，从而挖掘业务协同背后的底层逻辑和普遍规律，促进数字化改革理论体系的形成，以便系统、全面地指导数字化改革实践，延伸拓展政府数字化转型，提升数字经济综合实力。

# 第 6 章
# 数字化改革方法论

## 6.1 V字方法论

2003年首次提出建设数字浙江以来，经过多年的发展，浙江省政府治理能力不断提升，浙江省数字化改革的核心方法路径是通过V字模型持续迭代。V字模型在多种场景中均有相应的应用，包括软件开发、组织绩效等。数字化改革中的V字模型主要分为下行和上行两个阶段，将"业务协同模型"和"数据共享模型"贯穿到数字化改革的各方面、各领域及整个过程。

V字上行阶段，从微观到宏观来看，其主要任务是再造业务流程，通过整合组装核心业务，将原有业务协同叠加为新的重大业务，并设计标志性应用场景，推动整体智治体系的整体性优化和系统性重塑。

V字下行阶段，从宏观到微观来看，其主要任务为全面梳理组织党政机关的核心业务，从治理和服务两个角度进行定义，实现核心业务的数字化改革。

我国社会主义建设的现代化、高质量的新阶段，对政府部门的整体协同、社会治理、资源统筹分配等方面的发展提出了更高的要求，运用数字化技术进行全面性、系统性的核心业务重塑至关重要，发展高新技术、推动数字化改革是社会主义现代化建设的关键一步。

早在19世纪80年代，美国就提出了"星球大战"计划。同时，通过加紧开拓太空工业化领域，来挖掘宇宙空间的丰富资源。"星球大战"计划是一项由火箭、航天、微电子和计算机等先进技术组成的数字化高新技术群，需要多部门基于协作网络进行相互协作。从历史的角度看，"星球大战"计划带动了一大批数字化高新技术的发展，促进了美国经济、科技、军事等多行业之间的相互协作，不仅极大地加强了美国的国防实力，还促进了其数字化社会的发展。从全人类的角度看，"星球大战"计划使得世界各国加大了对数字化高新技术研究的投入，加强了人们对协作网络的重视程度，促进了各国从更高的整体角度去统筹各行业之间的相互协作与发展。

如今，科技的发展正在打破各行业之间的限制，产业生态中的各行业依托互联网和数字化技术正在形成新的协作网络。随着各行业协作的深度和广度不断扩展，协作网络的规模也在不断扩大。协作网络的发展，有利于各行业之间达成深入合作，也有助于提高各行业的工作效率，是未来互联网发展的主要方向。

## 6.2 从底层思维到底座思维

人生与事业的结果是由思维方式、热情和能力这三个要素的乘积决定的，即：

人生与事业的结果=思维方式×热情×能力

这个公式由日本企业家稻盛和夫提出。其中，"能力"和"热情"可以分别从零分打到一百分，"思维方式"就是对待人生的态度，可以从负一百分打到正一百分。从公式可以看出，那些能力平平却比任何人都努力的人，与那些炫耀自己有能力而不努力的人相比，能取得更出色的成绩，而思维方式的差异可能会导致人生和事业的走向发生巨大的转变。

因此，正确的思维方式比智商、体魄等更为重要。拥有不同思维模式的人在看待同一件事时，所得出的结论与所产生的行为往往大相径庭，掌握正确的底层思维是取得成功的关键。

下面介绍 OODA（Observation，Orientation，Decesion，Action）环理论。该理论指出，指挥控制作战的特点就是按照"观察—判断—决策—行动"这一环路进行战斗，是一个解释空军战术的概念，由约翰·伯伊德（John Boyd）提出。OODA 环理论具有周期性和嵌套性，主要表现在响应能力上的竞争，争取在敌人对己方前次行动做出反应之前发起新的行动，即努力缩短己方的 OODA 周期并尽可能地增加敌方的 OODA 周期，敌人很快就会失去反应能力，己方从而掌握作战主动权。

为将效果最大化，很多研究人员针对模型的各个环节进行深入研究，包括模型的信息收集、态势评估及辅助决策能力等。随着科技的发展，战争信息化程度越来越高，战争的胜负取决于网络化作战体系对抗的整体效能。OODA 的概念逐步扩展到解释一般意义上的决策处理，代表着一种学习模式，即深度思考型模式，我们需要在变化中寻找到事物的本质，然后利用已有的方法、经验去解决问题。

随着社会的发展，无论 V 字方法论还是 OODA 环理论，影响最终结果的因素都变得越来越复杂，群体智慧被不断放大。《失控》一书指出，很多生物系统都是由更小的部分组成的，也正是因为这种组成，它比任何一个更小的个体都拥有更大的力量。这意味着，如果能够把大的组织分成更多小的部分，就能使组织更智能、可靠。去中心化拥有多种优势，比如，可以灵活变化，使得整个系统更加灵活，同时很难被整体破坏。目前的因特网就是比较好的例子，任意一台计算机的损坏都不会影响因特网的整体运行。因此，运用去中心化的概念，集体会拥有超过个体的力量，且具有很强的适应性，而个体的努力和思维的提升离不开群体，尤其是在科技快速发展和信息急剧增长的今天。

针对当前系统架构和信息交互的状况，从底层思维演变出了底座思维。所谓底座思维，即一切结构都需要底座，就像建大厦时楼层越高所需的底座就要越牢固。例如，一名优秀的云架构师，首先要培养一种对底层规律的认知和应用的架构思维，查理·芒格（Charlie Munger）称之为格栅思维，也就是底座思维。以阿里巴巴为例，为实现 IT 系统中各业务系统的技术和资源的共享和复用，阿里巴巴提出中台架构。相对地，为解决 IT 系统的基础架构问题，延伸出"底座"的概念。

本质上，"底座"的含义更加广泛，它是一种跨领域、跨学科的综合性智慧，而底座思维模型是由多领域和多学科中核心基础知识构建而成的。在解决某个领域的问题时，可以根据构建的思维模型进行整合和调整，从而创造价值，并由实践强化思维模型的基础知识。底座思维的形成不仅需要掌握各领域核心基础知识的能力，还要具备整合和归纳的能力，也就是将各领域核心知识进行整合，形成综合体系。因此，构建底座思维，最重要的是培养联结能力。

## 6.3 从集中高效到多方互信

自 2019 年 5 月起，"中台"一词的搜索量骤增，这是由于腾讯在当月召开的全球数字生态大会上提出了"开放中台能力，助力产业升级"的口号，其中提到将进一步开放包括通信中台、AI 中台和安全中台等在内的技术中台，以及包括用户中台、内容中台和应用中台等在内的数据中台。国内最早开始研发中台的公司是阿里巴巴，从字面上理解，中台位于前台和后台之间，本质是一个公共服务平台。

所谓数据中台，就是将数据加工封装成公共的数据产品或服务，即一套可持续把数据集中用于业务生产的机制,以数据驱动管理和运营。总体来说,这是一种业务战略选择和组织形式。数据中台的构建需要依据企业内部特有的业务模式和组织架构,并由企业实际的产品和具体的实施方式支撑,持续不断地将数据转变为资产并服务于相关业务。数据中台的数据取之于业务,用之于业务,与数据平台相比,更加重视对业务的积累和沉淀。

一般而言,数据中台主要具备4个核心能力,即数据聚集治理、数据提取加工、数据服务构建和数据价值变现的能力。数据中台是将业务生产的数据转换为数据生产力,再将数据生产力服务于业务的不断迭代循环的过程。近几年,知名互联网企业及相关的一些数据公司都开始研发数据中台,通过数据中台的集中化模式将多方数据源转化为数据生产力。虽然它可以为多类型业务场景提供便捷、高效的数据服务,但此模式下组织间的可信机制依赖于第三方机构。科技的发展使得数据量和数据类型也快速增加,集中化的方式已无法实现数据的有效共享和流通,同时易出现数据安全问题。

为适应时代发展,区块链中台的概念被提出。区块链技术已发展十余年,但目前仍处于早期发展阶段,其最大的优势是直接通过技术和算法而非第三方机构使多方互信。区块链技术既可以保证数据的真实性,又可以确保传输的安全性,从而解决互联网环境下数据被篡改和删除等问题。从数据中台走向区块链中台,其最大的特征是大量数据资源共享,实现多方组织之间数据安全共享,在整个网络中自由循环,保证数据资源的多样性,完成集中高效到多方互信协作的转化。在此环境下,要充分挖掘个体智慧,将算法与数据资源高效结合,提高产品质量、扩大产品规模,促进数字经济的发展,最终推动数字化改革不断深化。

## 6.4　中心化与去中心化的螺旋式演进

随着区块链技术的兴起，人们对于去中心化的关注度也在不断提高。区块链作为一种大规模的强协作组织架构，在发展过程中一直存在去中心化与中心化的斗争，可视为人类历史中心化组织与去中心化趋势循环往复的缩影。

历史总是循环往复、螺旋上升的。原始社会是原始形态的去中心化，人们散居各处，相当于无限节点，但节点之间基本没有联系。然而，完全散居的形态无法满足生产力发展的需求，为了改善生存条件，人们开始逐步聚集，慢慢形成部落，而部落之间又形成部落联盟，部落联盟类似于去中心化的网络。随着部落联盟的发展和联盟间的斗争，联盟的规模越来越大，最终产生了初始形态的国家，如周王朝。此时的国家不具备强中心化集权，诸侯也能够参与国家事务，属于弱中心化状态。在此过程中，一直是由去中心化向中心化摆动的，中心化组织的优势日益凸显，并逐渐形成了一种历史大势。终于，秦始皇一统天下，第一个中央集权的国家出现了，形成了金字塔型的中心化组织架构，去中心化的时代结束了。此后，中心化组织形态成为主流，而新的去中心化的思想也在悄悄萌芽，其中最典型的例子是无政府资本主义和古典政治经济学。

中心化组织在历史长河中占据了重要地位，但其弊端也逐渐暴露出来。在 2008 年的次贷危机后，中本聪推出比特币，比特币中的点对点网络比较符合去中心化体系，比特币区块链网络完全公开，任何人都可以通过客户端接入其网络。随着比特币区块链网络的壮大，挖矿领域逐步出现了一定的中心化倾向，这种中心化是无法避免的。除此之外，目前的技术可以说是中心化与去中心化相结合，如软件的使用和更新，一般会采用社区里公认的权威性强且具有资深经验的开发者所开发的软件。

从上述历史发展可知，人类的组织形态从去中心化开始，然后向中心化做螺旋式演进，目前已越过了中心化的边缘，开始向去中心化靠近。就目前社会发展及国家角度而言，中心化组织的优势明显，人类社会不可能完全颠覆中心化组织，去中心化只能作为中心化的辅助而存在。但是，历史的尺度并非十几年或几十年，而是成百上千年，中心化与去中心化的螺旋式演进会一直进行下去，现在的我们并不知道遥远的将来是否会出现去中心化倾向，但也不能否认这种可能。

# 第 7 章
# 区块链：生产关系科技

## 7.1 区块链基础认知

现阶段，区块链尚未得到明确定义。简单来说，区块链是一种涉及密码学、共识协议、智能合约、点对点网络传输和区块数据结构等技术的分布式存储链，主要通过密码学技术将包含多条事件交易的区块按时间先后顺序连接成链，并由多个节点共同维护这样的链式数据结构，具有去中心化、可信任、不可篡改和集体维护等特性。更具体地说就是，区块链网络所达成的记账一致性需要将交易数据基于共识协议进行节点共识验证，在共识达成之后，通过点对点网络传输到各节点，特定的节点再将新区块添加到区块链中，以此达到所有节点共同维护同一份区块链数据的效果。其中，新生成的区块会包含前一个区块（父块）的哈希值，若是需要修改某个区块上的数据，则必须对它的后续区块全部进行修改，而链式结构的设计让篡改成本变得极高，所以哈希技术是保证区块链不可篡改性的核心基础，而哈希函数作为单向加密函数更保证了数据的安全性。同时，哈希值的唯一性又可以帮助我们确定数据是否被修改过，如此一来，更保证了区块链数据的唯一性。

从区块链的基本原理分析来看，其主要包括安全架构、交易、分布式账本、点对点通信、共识协议五部分。安全架构是保证区块链数据安全的根本，常见的区块链六层架构包括数据层、网络层、共识层、激励层、合约层和应用层，其中激励层、合约层和应用层在某些区块链系统中可以省略，不是区块链系统的必要结构。为实现区块链的安全运作，其他基本原理也被融入架构之中。

### 1. 数据层

数据层主要用于存储区块链数据。区块链由多个区块采用哈希算法连接而成，每个区块又分为区块头和区块体两部分。区块头主要包括父块哈希值、本块哈希值、时间戳、区块高度等基本信息，区块体主要包括多条具体交易数据。其中，交易数据指的是用户发起的经过共识验证的交易请求，一般采用哈希算法对交易数据进行单向加密，以保证交易数据不可篡改。以比特币为例，交易数据在区块体中一般采用 Merkle 树的形式存储，每个叶子节点对应一条交易数据，相邻叶子节点通过哈希计算生产父节点哈希值，以此类推，最终产生 Merkel 树根节点哈希值，并将根哈希值存储在区块链头中。

除了 Merkle 树结构对数据的保护作用，分布式账本这一基本原理也增强了数据的安全性。区块链网络中的所有节点均存储一份完整的区块链副本，不存在控制全网账本的中心化节点。所有用户均可通过对应节点访问链上数据，且数据不会因少数节点副本数据的更改而改变，只有掌握了 50%以上的节点才可更改链上数据。如此一来，就能够有效地防止恶意攻击，从而保证区块链数据不被篡改。

### 2. 网络层

网络层主要用于实现节点之间的点对点通信，以及保证链上数据的传输共享。节点之间采用对等网络进行数据传输，这种方式不依赖中心化服务器，对等网络中亦不存在任何中心节点，因此节点之间地位对等，可互相传输数据，还可实现节点之间的数据实时共享，进一步保证了分布式账本的一致性。

### 3. 共识层

共识层主要用于为区块链节点提供相应的共识协议，让高度分散的区块链节点致力于区块链交易的共识验证，高效的共识协议能够保证交易数据在所有节点之间快速地达成一致并上链存储，这是实现区块链网络中用户互信的必要条件之一。现阶段主流的共识协议主要包括 PoW、PoS、DPoS、PBFT、Raft 等，以及在以上共识协议的基础上进行改进的共识协议。共识协议之间没有优劣之分，针对应用场景的不同及区块链需求的不同，需要选择不同的共识协议，以达到最优的应用效果。

### 4. 激励层

激励层主要用于制定激励机制，主要包括经济激励的发行制度和分配制度，鼓励节点积极参与交易，完成安全验证工作。同时，适当引入奖惩机制，对遵守规则的记账节点给予奖励，并对违反规则的节点实施惩罚。

### 5. 合约层

合约层主要用于封装相应的智能合约，赋予账本可编程的特性，通过智能合约约束节点对链上数据的操作行为，将操作行为数字化、智能化。换句话说，通过自定义的智能合约来设置触发合约的约束条件，以达到自动执行的效果。

### 6. 应用层

应用层主要用于对接封装各种区块链应用场景和案例，为用户提供各种服务和应用，是对接现实世界用户的窗口，如在金融领域率先发起的基于区块链的跨境支付平台，以及供应链、能源、娱乐、版权等新兴领域的落地应用。

基于以上基本原理，我们发现区块链技术具有显著优势，其中最突出的三大特征为去中心化、可信任和集体维护。

（1）去中心化。

在区块链系统中，所有节点权力对等，任何节点均可参与记账，节点之间采用点对点的方式进行数据传输，不依赖任何中心化管理机构。所有节点均可存储完整的区块链数据,个别节点被攻击,不会影响系统的整体运行,有效地保证了区块链数据的不可篡改性。因此,区块链是一种可信的分布式去中心化存储技术。

(2)可信任。

与传统的互联网系统不同,区块链系统不依赖可信的第三方机构,而是采用密码学技术和共识协议为系统中的节点、用户建立可信机制,保证系统公开、透明化运行。交易双方无需通过第三方信任机构达成互信,只需遵循共同的共识协议即可安全地完成交易,交易数据将在链上永久存储,交易双方通过区块链节点即可访问、查验账本中的交易数据。

(3)集体维护。

由于区块链去中心化的特性,其数据存储、维护不依赖中心化数据库,而是由区块链网络中所有节点集体存储、维护。在新区块生成后,所有节点会对新区块进行验证,在验证通过后将新区块同步到区块链中,所有节点均存储一份区块链副本数据。攻击者若要对区块链数据进行篡改,则需要攻击超过50%的节点,由此篡改其副本数据。

区块链因其不可篡改、公开透明、可信任及分布式存储等特性,可以有效地提高数字化社会治理中数据的安全性和可信性。同时,区块链技术无需可信第三方即可在不同领域主体之间建立信任关系,为不同领域主体之间的数据跨域传输提供了可信的传输通道,有效地解决了不同领域之间的数据孤岛问题,同时也为数据存证提供了相应的技术支持。

现阶段，在金融交易、数字政务、防伪溯源等多个领域，已有不少落地项目采用区块链技术进行数据存证。时间戳技术能够有效地保证存证数据的实时性，密码学技术和共识协议能够有效地保证存证数据的事实性，分布式存储技术能够有效地保证存证数据的完整性，同时，区块链链式存储结构能够有效地保证存证数据的逻辑性。因此，采用区块链技术存证，能够有效地为现实各领域中的各种数字纠纷提供强有力的数据证明。区块链存证的法律效力在2018年6月被首次认定，当时杭州互联网法院一审宣判，法院支持了原告采用区块链作为存证的方式并认定了对应的侵权事实，这也是全国首例区块链存证案。此外，区块链存证数据作为证据，更有效地推动了社会治理体系的数字化改革。

## 7.2 区块链高阶认知

作为一个集体维护的分布式链式存储结构，区块链数据的生成必须统一，为避免不同节点的数据不一致，在某一时间点必须只有一个节点负责新数据的生成，即某一时间点只能有一个节点记账。为保证同一时间点只能有一个节点记账，不同的区块链系统会采用不同的共识协议，以确保所有节点达成记账权一致。

因此，记账权的分配是区块链系统稳定运行的关键。最早的区块链系统——比特币采用工作量证明（Proof of Work，PoW）的共识协议，任意节点要想获得记账权，只能不断地对账页信息进行哈希计算，其中账页信息主要包括父块哈希值（不包含创世区块）、交易数据、时间戳、随机值等数据。父块哈希值主要用于连接新区块并增大数据篡改难度，因为一旦篡改某一区块的信息，其后所有区块的哈希值都需要改变。时间戳用于时间证明，随机值用于验证哈希值，最先计算出符合标准的哈希值的节点即可获得本时间段内交易数据的记账权。哈希算法具有不可逆性，节点只有不断进行哈希计算，才能获得符合标准的哈希值，但是哈希算法易于验证，其他节点通过随机值很容易验证记账节点的哈希值是否符合标准，因此记账节点的哈希值可以快速地被所有节点认可，即记账权在所有节点中更易达成一致性共识。不同的共识协议也可保证记账权的一致性共识，只需所有节点均遵循相同的共识协议，保证在某一时间点只有一个节点记账，并通过节点共识保证区块链新数据生成的一致性。

为保证区块链分布式账本数据的一致性，不仅需要通过共识协议保证节点记账权的一致认同，还需要稳定的协作网络进行数据同步传输，只有全网节点相互协作才能保证新区块的一致性同步，因此，区块链网络也是一个协作网络。记账节点产生新区块后，会采用点对点的方式将新区块传播到其他节点，新区块通过其他节点的验证之后，会被其他节点同步到其自身节点的区块链副本中。至此，一个新区块从产生到全网节点同步的过程就完成了。所以，区块链账本数据的一致性需要通过新区块数据生产和同步两个过程的一致性来保证。

区块链技术虽解决了账本一致性问题，但在区块链 1.0 时代，其应用场景仍然受到限制，除了交易支付领域，其他领域的应用需求难以得到满足。智能合约技术使在区块链上编码成为可能，这使得区块链技术更加完善，并适用于广大应用领域。于是，区块链 2.0 时代开始了。简而言之，智能合约是一套不需要第三方信任也可以保证合同自动化执行的计算机程序，因其所具有的确定性、透明性和自动化执行等特征，能够有效地降低区块链系统的运营成本。同时，区块链系统为智能合约技术提供了可信的执行环境，确保了合约签订与执行的一致性。

区块链系统主要通过代码的方式构建程序合约，以机器之间的信任来降低信任成本。在节点中提前部署智能合约，公开了交易者的操作行为，即可以对链上交易者的行为进行约束、监督，使得交易者只能在满足触发条件的情况下，依据合约的规定进行相关操作。一方面，智能合约的自动化执行减少了传统合约在交易过程中的交易执行成本；另一方面，它所具有的可编程性使得用户可以在区块链中实现各种操作，推动了区块链项目的落地应用，极大地促进了区块链技术的发展。

基于上述的记账一致性、协同网络及可编程合约等技术特征，区块链应用已经在货币、金融、数据存证、信息共享等方面实现落地，解决了各行业的业务痛点，渗入社会经济的方方面面，其经济属性得到凸显。

首先，实体经济需要较高的管理成本，而区块链技术通过智能合约能够为实体经济建立自动化运营模式，能够降低实体经济运行中的管理成本，促进实体经济向数字化经济转变；其次，在金融贸易等领域，因信任问题和数据孤岛问题，导致整个产业链的协同效率较低，而区块链技术可以为其提供可信的交易环境，实现数据的选择性共享，提高产业链的协同效率，推动金融贸易等产业的高端化发展；最后，也是最重要的一点，即经济价值。区块链可以为社会提供诚实可信的经济环境，经济社会中合作伙伴的信誉至关重要，运用区块链技术可以有效解决经济社会中的信任问题，进一步促进企业之间的经济合作。同时，基于其不可篡改的特性，可以为各种经济纠纷提供有力的交易证明，维护受害企业的经济利益，推动经济社会诚信发展。

区块链的蓬勃发展更是引起了国家层面的关注，世界各国纷纷将区块链上升至国家战略高度，中国亦不例外。作为国家战略技术，区块链技术被多个省市写入《政府工作报告》，也因此被广大群众所熟知。自此，区块链技术的研究工作迅速开展，区块链应用的落地加速，驱动国家的信息化发展。

## 7.3 区块链的真正价值

区块链本质上是一种全新的能够促使大规模节点进行高密度协作的记账方式，这也是区块链的价值所在。虽然互联网可实现普通用户的大规模协作，但是由于用户之间存在信任问题，并不能真正实现强关系协作。区块链技术恰好能解决用户之间的信任问题，使得普通用户在"去信任"、无须第三方介入的情况下，实现大规模、高密度的强关系协作，同步推动社会协作关系的形成。因此，区块链技术是在数字化社会建立大规模、高密度、强信任协作关系的基础，是实现真正意义上数据共享的技术保障。更进一步看，区块链技术的应用还具有极高的业务价值，具体价值如下。

### 1. 提高业务效率

区块链项目通过智能合约技术实现业务逻辑功能，将业务逻辑功能数字化，使业务逻辑功能在达到触发条件时自动执行，以便降低业务办理过程中的人力成本。同时，用户无须考虑信任问题就可以进行相关业务操作，有效地提高了业务处理效率。

### 2. 提高综合治理能力

区块链网络中的节点共同遵循某种共识协议，通过公开透明的智能合约进行链上数据操作，而无须中心化机构对节点进行综合治理。将区块链技术应用在社会管理中，能够有效地解决现代社会治理中的数据共享、存证、溯源等问题，这与日益公开、透明的社会治理目标一致。因此，区块链技术在社会治理中的应用，能够有效地提高社会综合治理能力。

### 3. 降低拓展成本

区块链作为一个由多个节点集体维护的分布式数据库，具有可拓展性。在符合准入机制的情况下，区块链网络可依据系统节点数量需求进行节点拓展，新节点通过点对点的方式从原节点中同步区块链数据，完成对区块链数据的拓展，便捷的节点拓展方式降低了分布式数据库的拓展成本。

### 4. 促成业务合作

区块链具备去中心化、可信任、集体维护三大特性，能够为各领域企业提供可信的业务环境，企业可以在去信任化的基础上进行跨域合作。因此，区块链技术对企业的业务合作起到了一定的推动作用。

区块链技术的应用不仅具有极高的业务价值，更是推动现阶段基于信息交互的"信息互联网"向高度协作的"价值互联网"发展的中坚力量。所谓"价值互联网"是指通过互联网在资产所有者之间实现价值确权和价值交易，而区块链技术因其去中心化、不可篡改、集体维护、可溯源等特性，在实现"价值互联网"方面具有天然优势。

针对价值确权问题，首先，区块链采用密码学原理，利用非对称加密技术可以实现资产所有者对资产价值的唯一确权，被私钥签名的资产只有通过对应的公钥解密才能验证，通过技术手段证明了资产所有者对资产价值的唯一所有权；其次，区块链采用共识协议和时间戳技术，保证了资产所有者对资产价值确权的公认性和先后顺序，避免了不同资产所有者对同一资产进行价值确权造成的价值纠纷问题；最后，区块链采用哈希算法将包含确权记录的区块前后连接，形成链式存储结构，并采用多节点集体维护、分布式存储的方式保证确权记录的不可篡改性。因此，区块链技术能够较好地解决"价值互联网"中的价值确权问题。

针对价值交易问题，首先，区块链中的非对称加密技术能够保证交易价值的准确性，因为公钥只能验证其对应的私钥所签名的价值，接收方在获得交易的价值后，同样可以采用私钥对其签名，保证自己确实获得了交易的价值，进而确保了价值交易真实可信；其次，区块链的智能合约技术能够实现价值交易的自动化，只有符合价值交易的触发条件，才会进行价值交易，若条件不足，即使交易失败也不会导致价值损失；最后，区块链的共识协议和时间戳技术也保证了价值交易记录的公认性和时效性，避免了价值的双花问题。因此，区块链技术能够在一定程度上解决"价值互联网"中的价值交易问题。

区块链在推动"价值互联网"发展的同时，也在默默地推动数字化社会的发展。数据是数字化社会的核心，而隐私保护和数据所有权确认至关重要，采用区块链技术对数字化社会的数据进行存储管理，利用密码学技术可以有效地保证数据安全和用户的隐私，并能实现对数据的唯一标识和确权；数字化身份是数字化社会的基础，采用区块链技术能够为现实世界中的个人及组织提供唯一、不可篡改的数字化身份，这使得数字化身份不依赖中心化服务机构，且可被验证；电子合同的准确执行是数字化社会发展的必要条件，智能合约以代码的形式将电子合同部署在区块链中，当满足触发条件时能够有效执行电子合同的内容，而非对称加密技术为电子合同的签名提供了极大便利，相较于传统的签名技术更加安全可靠，有助于进一步促进数字化社会的法治建设。

区块链技术不仅推动了数字化社会发展，也影响着数字化社会的互联网商业模式。随着区块链技术的不断发展和应用，新的商业模式——分布式商业逐渐形成。分布式商业是一种由多个地位平等的商业主体建立的新型生产模式，是通过预设公开透明的交易规则进行管理、交易、获利的新型经济行为。这种商业模式与区块链技术的特性极其吻合，区块链的去中心化特性能够为各商业主体提供互利对等的地位，为其建立公平对等、去中心化的商业环境。智能合约技术能够以数字化的形式实现商业主体之间的交易规则，保证交易规则公开透明，并且在符合交易规则的时候能够保证商业交易的自动化执行，为商业主体的管理、交易等行为提供灵活、可信的协作环境。因此，区块链技术对于分布式商业的实现和发展具有极其重要的推动作用。

综上，基于区块链的价值分析，区块链通过密码学等技术实现了数字化社会中的数据可信，进而保证了"价值互联网"中的资产价值可信。在跨域合作上，区块链网络之下的各主体、组织无须考虑信任问题即可达成合作,同时交易的合作信息还可进行溯源查询,这样的合作可信模式更是极大限度地拓展了各主体、组织之间信任的深度和广度,是新一代的合作机制和组织形式。如此看来,区块链技术的独特价值将在数字化经济时代得到进一步印证。

# 第 8 章 进化的技术逻辑

## 8.1 信息系统的进化逻辑

### 8.1.1 从数据到信息到知识再到智慧

DIKW 体系就是关于数据、信息、知识及智慧的体系。其中每一层都比上一层多了某些特质。数据层是最基本的,信息层加入内容,知识层加入"如何去使用",而智慧层加入"什么时候使用"。

数据：数据是原材料，它只是描述发生了什么事情，不提供判断或解释，更不是行动的可靠基础。

信息：人们对数据进行分析，找出其中关系，赋予数据某种意义和关联，这就形成了所谓的信息。信息虽给出了数据中一些有一定意义的东西，但它往往和人们手上的任务没有什么关联，还不能作为判断、决策、行动的依据。

知识：对信息进行再加工，进行深入洞察，才能获得更有用、可利用的信息，即知识。所谓知识，可以定义为"信息块中的一组逻辑联系，其关系是通过上下文或过程的贴近度体现的"。从信息中理解其模式，这就是形成知识的过程。

智慧：在积累了大量知识的基础上，总结出原理和法则，就形成了所谓的智慧。智慧是人类所表现出来的一种独有的能力，主要表现为收集、加工、应用、传播知识的能力，以及对事物发展的前瞻性看法。在知识的基础上，通过经验、阅历、见识的累积，形成对事物的深刻认识，最终体现为一种卓越的判断力。

从整体上看，知识的演进层次（见图8-1）是双向的。从噪声中分拣出数据，转化为信息，升级为知识，升华为智慧。这样一个过程，是信息的管理和分类的过程，能够让信息从庞大无序到分类有序，各取所需。可以说，这是一个知识管理的过程。反过来，随着信息生产与传播手段的极大丰富，知识生产的过程其实也是一个不断衰退的过程，即从智慧传播为知识，从知识普及为信息，从信息变为记录的数据。

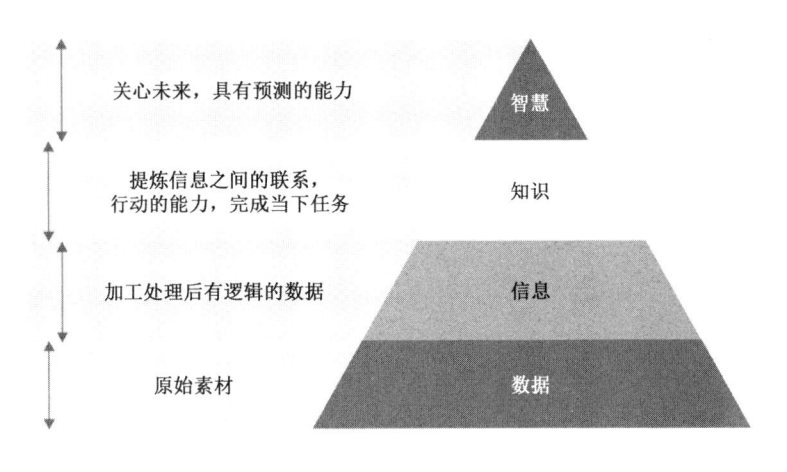

图 8-1 知识的演进层次

## 8.1.2 集中高效的中心化阶段

### 8.1.2.1 垄断问题

从我国互联网行业的竞争状况可以看出，经过多年发展，行业内已经形成了由几个巨头垄断互联网市场的格局。互联网巨头依靠自身的资本、技术及公关能力等不断强化自身的垄断地位。

#### 1. 收购兼并形成垄断

BAT（百度、阿里巴巴、腾讯）等互联网企业经过多年发展，积累了雄厚的资本，拥有强大的实力。它们通过并购和入股等方式，竞相将行业内的一些小型创新创业企业揽入囊中，甚至对具有"潜在性威胁"的新创企业进行胁迫式收购或打压。它们不遗余力地拼凑完整的产业生态圈，目的是构建庞大的商业帝国。目前，业内舆论将我国互联网企业归类为几个"派系"，即"腾讯系""阿里系"

"百度系""雷系"和"周系"等。它们争夺资源，竞相圈地。由此可见，我国互联网行业呈现出寡头式的市场格局。

### 2. 内部独霸掩盖垄断

上述互联网巨头自称"平台型企业"或"生态企业"。单从外部市场看，某些企业的市场份额并未构成垄断。但从内部市场看，它们对自身平台或生态圈内的行为规则拥有说一不二的决定权，所有在其内的企业、应用及用户必须接受它们制定的行为规则，否则无法使用服务或被停止提供服务。因此，这种"牵牛鼻子"式的垄断行为不再是外在化的，而是内生化的，这种内部独霸掩盖了它们市场垄断的真相。

### 3. 政商合作强化垄断

某些地方政府为了响应"互联网+"行动的号召，倾向强强联手，制造轰动效应。为了吸引互联网巨头"落户"当地，一些地方政府提供了各种优惠资源和政策。据不完全统计，目前与阿里巴巴签署战略合作的省级行政单位有 25 个、与腾讯签署战略合作的有 16 个、与百度签署战略合作的有 4 个，其中部分省市与单一企业有过多次战略合作，还有更多的地级市分别与它们签订了合作协议。这种强强联手式的政商合作强化了互联网巨头的垄断能力。

### 4. 公关能力维护垄断

凭借雄厚的资金实力、媒体和人脉资源及品牌影响力，互联网巨头往往拥有很强的公关能力。它们自身就是巨大的媒体，因而具有很强的舆论动员和操控能力，完全有能力弱化甚至消除外界对其垄断行为的批评之声。这些巨头还常常通过科研的合作，为高校和其他研究机构提供经费支持，拉拢相关专家学者，使其研究成果为它们的垄断行为背书。这种强大的公关能力，有力地维护了它们的垄断地位。

### 5. 对创新的扼杀

垄断是多种能量的集合，垄断行为不加限制，必然会给国家、社会、行业及用户带来危害。

首先是对创新能力的扼杀。互联网巨头不用面对新创企业带来的竞争压力，而这将扼杀互联网行业内的创新能力。自从 BAT 等巨头崛起后，众多"独角兽"企业，如滴滴出行、大众点评等，其背后均有 BAT 的资本力量。《2016 年中国独角兽企业估值榜 Top300》显示，BAT 等互联网巨头资本触达 98 家独角兽。另外，我国互联网企业没有出现一波接一波的创新浪潮，美国在谷歌、亚马逊等巨头崛起后，仍然出现了如脸书、维基百科等市值千亿美元的公司。

其次是导致创新文化走歪。一方面，垄断不仅导致创新动力不足，而且还滋生了"山寨文化"。国内一些互联网巨头勤于"山寨"国外应用和产品，维持其国内的领先地位。另一方面，垄断产生的挤压效应，挤压了一些小互联网企业的生存空间。一些小企业为了生存，就会打"擦边球"，以此吸引流量，对我国互联网行业的发展造成不良影响。

### 6. 对产业生态的破坏

互联网产业的寡头式发展格局，无法为新创企业的成长提供良好的环境。寡头在各自商业领域，不会允许竞争对手及潜在竞争手出现，这种"大树底下不长草"的垄断态势，不利于大中小企业的公平竞争及产业生态的动态平衡。长此以往，对大众创业、中小企业生存、消费者权益，甚至对寡头企业本身都将产生破坏性影响。

### 7. 对公平正义的损害

政商合作在一定程度上损害了公平竞争和机会均等的基本价值，使得当地的中小微企业无法获得平等的发展资源和公平的市场环境。专家学者被公关，独立的第三方舆论也无法发声，法官判案无法得到专业支持。专业舆论监督失灵，行业公义无法彰显。法官在审理互联网垄断案件时，原本就存在专业知识和判案经验不足等问题，此时若无专家学者的科学公正论证，法律正义将难以彰显。

### 8. 对公权力的侵蚀

寡头企业形成的"二政府"侵蚀了公权力。首先，它们集聚了数亿网民，拥有强大的信息资源，掌握了平台内规则的制定权，催生了镶嵌其内的"二政府"，将不可避免地侵蚀政府公权力。其次，大数据这根社会治理杠杆掌握在互联网巨头手里，使得其拥有与政府"讨价还价"的筹码。我国互联网巨头的股权结构大多为 VIE 结构，它们对大数据的储存、传输和使用都涉及国家安全问题，保证国家的数据安全，就需要与它们展开合作。

#### 8.1.2.2 成本问题

### 1. 金钱成本

我们不管做什么项目，等到把自己的亲戚朋友都消耗得差不多了以后，就会开始用各种各样的方式去寻找用户。拉拢这些用户当然不是说一分钱不用花就可以做到的，具体的方法有很多，比如奖励新人的方式、奖励老用户的方式、运营活动的方式，总之，金钱成本在用户成本中排在第一位。

### 2. 形象成本

从金钱成本可以推导出其他成本，如形象成本。对于一些小的品牌来说，形象成本可能并不是很高，但是对于一些大品牌或超级品牌，形象成本的支出会占非常大的比重。形象成本也不难理解，就是产品的形象要满足用户对这一类产品的形象要求，或者说要塑造一个形象去拉拢用户。一些只介绍自己的品牌并不直接涉及营销信息的广告，就可以归为形象成本。对于一些小品牌、小项目来说，在搜索引擎中搜索出来的词条信息也会彰显我们的形象，所以 SEO 成本及为舆论、报道所花费的成本，也算形象成本。

### 3. 行动成本

接下来要说的这一点其实很容易被人忽略，因为很多人并没有意识到用户其实很怕麻烦，我们的产品如果设计得过于复杂，就会产生很高的行动成本。顾名思义，行动成本就是用户在使用产品时要付出的行动。假如你有一个做外卖优惠券的公众号，即外卖 CPS 业务，你在抖音上投放信息流的广告，用户如果感兴趣则会首先点击进入你的抖音信息流广告的主页，复制你的微信公众号 ID，然后再切换到微信上复制 ID，进行搜索，最后才能关注公众号。从用户对你的产品产生兴趣，到他开始使用你的产品，这个过程很漫长，也就是要付出很多行动，这样就会导致用户行动成本过高，很多用户正是因为行动成本过高而放弃购买的。但是信息流广告是按曝光效果来付费的,我们在投放广告时就会产生很大的损失,这也可以归到用户的行动成本之中。

### 4. 学习成本

学习成本就是用户在使用产品的时候需要付出的学习时间、精力等。这里还以前文的外卖优惠券公众号为例,用户关注了公众号之后,公众号会自动弹出消息,也就是怎么领取优惠券、怎么在下单后使用优惠券的教程。如果用户从来没有使用过这类产品,在其初次使用的时候需要学会如何找到公众号、在哪里领取对应的优惠券、领取优惠券之后如何返回 App 下单,以及下单的时候如何选择优惠券。

因此,用户在经过很多个步骤之后才能顺利地买到产品,这样就会导致用户的学习成本过高,从而造成用户流失。

### 5. 决策成本

几乎每个产品都有决策成本。什么是决策成本呢?简单来说就是,让用户在知道一个产品后,信任这个产品并选择这个产品的成本。

假设我想在空闲时间学习一门网课,我在某个平台上找到了你的产品。你的产品定价是 3000 元。那么我在选择你的产品之前就需要清楚地认识到自己确实需要这门网课,你的课程真的对得起 3000 元的价格,你能提供价值 3000 元的售前、售后服务,我有很完善的维权渠道,以及你有一个安全可靠的产品,这样我的 3000 元才不会白花。

由此可以发现，3000元的网课产品要解决的信任问题非常多，而且只有解决了信任问题以后才会过渡到后续的选择问题。并不是说客户信任你就会选择你，因为竞品很多，从服务到师资力量再到售后等，竞品可能有一个很细微的地方比你做得好，用户就会在对比之后选择竞品。

那么我们需要思考如何在第一环节降低用户的信任成本，例如，开发一个1元、9.9元的低价课来提升用户对于产品的信任度，目前在线教育行业的主流营销方式就是这样的。

**6. 健康成本**

最后再补充一个并不是很常见的用户成本——健康成本。健康可以从两个方面考虑，一个是身体健康，另一个是心理健康。

一般我们的产品不会涉及这个问题，但是一些小众的产品确实要考虑这个问题。例如，一些减肥产品需要考虑健康成本的问题。在设计产品的时候，就应该考虑如何才能保证产品安全，以免给用户带来健康问题。

另外，我们可以反向思考这个问题，如果我们的产品会给用户带来健康问题，造成一定的健康成本，那么我们可以从用户的健康成本角度出发，开发一些产品来解决这个问题。

这种产品其实很常见，比如防蓝光眼镜可以解决因使用手机产生的健康问题，减少长时间使用手机对用户眼睛造成的伤害。

**8.1.2.3 效率问题**

（1）任务的数据化，使员工之间分工极其明确，能够将"分工协作"做到极致。

互联网企业的很多产品，都基于计算机编程的逻辑其核心在于"任务分解"。编写程序的过程，就是把复杂的任务分解成子任务，再把子任务分解成更简单的任务，在层层分解之后，任务已经简单到用计算机可以理解的指令就可以完成，而每个指令都是一条明确无误的计算机动作，不会有一丝差错，如图 8-2 所示。

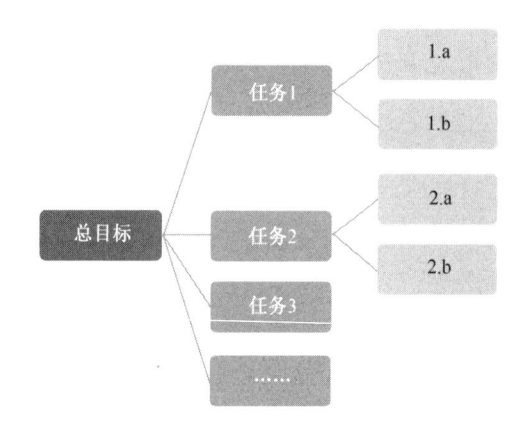

图 8-2　任务分解

虽然，这种任务分解与传统的任务分解在形式上没有什么差别，但是编程中的任务分解有着非常独特的性质。这些任务的结果是完全数据化的，各任务之间的配合，不能有一丝一毫的错误。每个任务都像一个函数，在输入一个数据之后，就会输出一个数据，各任务之间靠这些数据进行衔接。任务 1 的输出数据，会作为任务 2 的输入数据；任务 2 的输出数据，会作为任务 3 的输入数据。各个任务之间的配合非常紧密，如果任何一个任务没有达到预设的输出结果，那么整个程序就没有办法运行。

在不断地进行细分之后，每个任务都被分解到单独的一个员工身上。当不同的人负责不同子任务的时候，属于员工自己的那一部分任务就变得非常清楚。并且，因为各任务之间的衔接非常紧密，所以员工之间的配合也变得非常紧密高效，不会出现任何差错。

这种将工作任务完全数据化的行为，使得整个公司的分工非常明确。在分工明确、责任到人的情况下，整个组织的协作效率就能够大大提升。

这种分工的严格数据化，使得公司不需要对员工进行严格管理，员工依然能够保持高效。因为团队成员之间分工明确、结果明确，所以互联网企业项目中的每个人都不需要受制于严密的组织形式，也能够跟他人非常好地进行配合，甚至一个人同时出现在几个项目工作中都没有关系。因为个人产出的结果完全数据化，个人在公开的监督及自我的反馈下，公司不需要严格要求每个人的工作时间，员工也能够很好地完成任务。这是互联网企业组织形式自由，工作时间灵活、有弹性的原因。可以看出，这种外在组织形式的松散，是由内在精密的任务分解系统支撑的。如果没有这种信息化、数据化的支持，仅仅是学习互联网企业外在的组织形式，反而会降低组织的效率。

（2）个人产出的数据化，使得员工的产出能够通过数据及时反馈，能够促进员工的自我完善和提高。

个人产出的数据化，能够使员工的工作结果得到及时准确的反馈。一个程序员的一段代码写得怎么样，运行一遍就知道了。有了Bug（错误），马上就能够改正。改正之后，再运行，发现错误之后还有再次改正的机会。不断进行循环，就可以得到最终的结果。一张图片是否合适，放到网站上，就能够立刻看到效果，发现问题就能够立刻改正。正是这样的反馈，促使互联网企业的产品能够反复迭代、持续改进。而在传统企业中，员工任务的完成情况，可能需要1周甚至1个月，才能够得到反馈，有可能还需要领导的评价，员工才知道自己做得是好是坏，从而在下一轮的工作中进行改进。可以看出，这种及时的反馈，有助于促进员工的自我学习、完善和提高。

这种及时的反馈，还能够提升员工的工作投入度。在关于工作投入的研究中，有一种解释员工"如何会对工作上瘾"的理论，名为心流理论。心流理论指出，及时的反馈是"上瘾"的基本因素之一。这也是游戏容易让人上瘾的重要原因，因为人们一旦去做这件事情就能够得到及时的反馈和刺激。从这个角度来看，当一个员工的每一次付出都能够立刻得到反馈的时候、每一个动作都能立刻改变工作结果的时候，都会让员工有更多的成就感，使员工更加容易投入到工作之中。正是由于这种及时且准确的反馈所带来的工作"乐趣"，即使互联网公司经常加班，很多员工也不会觉得辛苦，甚至很多人自愿加班。

结果的数据化与及时反馈，使得每个人的工作都受到其他人的监督，每个人的产出对于其他人来说都是公开的。团队里每一个人的工作失误，其他人都可以看得到。一个人写错了一段代码，那么整个程序交互的过程就会出现错误，而因为这样的错误，整个程序可能没有办法运行。这种产出结果的公开化，使得所有人都处在群体压力之中，而改正错误的动力，使得他们不断地对结果进行新的优化。因为这种结果的公开化，使得当一个人做得非常出色的时候，大家也会对其表示赞赏和佩服，从而激励他以更饱满的激情投入到工作中。

（3）企业产出的数据化，使企业能够根据反馈，不断完善自己的决策。

　　公司产出的数据化，使得其可以得到最及时准确的反馈，从而不断地调整生产行为。同时，数据化的信息能够记录员工所有的工作，将个人的知识转化为组织的知识。

　　以媒体网站为例，一篇文章发布在网站上，只要1个小时，就可以从后台看到这篇文章的点击量，从而知道这篇文章是否受读者欢迎，从而对其进行调整，换下来或者投入其他推广渠道。而在传统媒体中，工作人员可能需要1个月甚至1年才知道哪些文章比较受欢迎。一个传统的编辑用10多年积累的选择文章的经验，可能一个懂得分析数据的大学生一个月就能够掌握，而且会更加准确，因为他得到的数据是最准确的。

　　以电子商务为例，一个做淘宝的人与我分享他现在选择衣服款式的流程，简直让我刮目相看。他说，如果要选两款衣服，他就会放10款衣服的照片到店铺中，然后为店铺增加2000人的流量，最后选择点击率最高的两款衣服来卖，这样做一定能挣钱。也正是由于这样的及时反馈，使得互联网企业能够真正做到用户至上，因为其可以立刻从数据和信息中得到用户的反馈，从而调整原有的计划。

　　此外，不同人之间的分工信息全部是数据化的，而且数据还把员工的所有工作完全记录下来，这样个人的知识就成为组织的知识。当团队中有人退出的时候，完全可以让一个新人进来工作，他只要明确了自己的任务，再浏览之前的记录，就可以很快投入到工作中。甚至当一个项目的负责人离职的时候，让新的负责人来领导项目都没有太大问题。比如，奇虎360的总经理傅盛离职后，周鸿祎亲自接替他的工作，整个团队仍可以正常工作。

（4）企业信息的数据化，大大降低了企业之间的合作成本，促进了企业更加广泛地进行合作。

当一个企业的所有信息都数据化时，企业跟外界进行合作的沟通成本就变得非常低。以媒体网站为例，当把网站的信息投放到其他平台的时候，只需要把内容制作成一个 RSS 地址，就可以同时与 20 家媒体进行合作。而今日头条、Zaker 这样的媒体平台，它们只需接收各个网站的 RSS 地址，就可以同时汇集几千家媒体的信息，彼此根本不需要详细沟通，就可以很好地进行合作。同样，微信也是如此，微信不需要跟每个公众号的作者协商，只要公布一个登录入口，然后告诉大家这里可以写东西，就可以同时与几十万、几百万个公众号作者合作。淘宝、顺丰、苹果公司也是如此，它们之所以能够广泛地和大量商家和顾客合作，就是因为它们的信息已经完全数据化了，不会出一丝一毫的差错，彼此之间的沟通成本非常低。所以，企业的信息化大大促进了企业与外界的连接与合作。

（5）企业信息的数据化，大大降低了扩张的成本，加快了扩张的速度，使其更加容易形成规模效应。

以一家天猫服饰店铺为例，当该店铺把自己的产品信息变成数据（文字、图像）之后，推销的过程就会变得非常简单，不再需要任何实物展示，只需要把准备好的文案和网址复制一遍就可以了。更重要的是，因为产品已经成为数据化的信息，所以当这家店铺在京东、亚马逊、苏宁等电商平台开分店的时候，成本也变得非常低——直接将天猫店铺的文字、图片复制过去就可以。而经营网店的经验、产品宣传的经验等都可以应用到新的店铺中，大大降低了店铺扩张的成本。正因为互联网企业扩张的成本如此低，所以互联网企业中常常是"老大通吃"。可以看出，将企业的信息变成数据之后，传播的成本变得非常低，有利于企业形成规模优势。

①从集中高效到多方互信再到分布式互链互通。

中介模式 VS 公共账本模式：记账是指将经济活动的数据记录在账本上。账本是具有一定的格式，以原始凭证为依据，对所有经济业务按序分类记录的账册。原始凭证则是在经济业务发生或完成时取得，用于记录或证明经济业务的发生或完成情况的凭据，它是进行会计核算工作的原始资料和重要依据，反映了最原始的交易信息，是明确经济责任的核心。账本的载体是多样的，传统账本是纸质的，随着信息技术的发展，账本逐渐向数字化演进，出现了各类会计数据库。账本数字化节省了人力，具有便于查询、检索能力强、效率高、绿色环保等优势。如今，会计电算化已成为会计工作的主要方式。

分布式账本技术（Distrubuted Ledger Technology，DLT）的出现可能是账本技术继数字化之后的又一次重大飞跃。在工作量证明机制中，矿工通过"挖矿"完成对交易记录的记账过程，为网络各节点提供了公共可见的去中心化共享总账（Decentralized Shared Ledger，DSL）。每条区块链都是一本账本，在会计意义上与传统账本无本质差别，但从技术角度看，DLT账本不仅传承了传统的记账哲学，又具有一些传统账本无法比拟的优点，不仅可以在公司账本的编制上得到良好应用，还可以在国家账本和行业账本的编制上发挥优势，解决痛点。

②从数据中台到区块链中台。

数据中台：数据中台是一套可以持续让企业的数据用起来的机

制，是一种战略选择和组织形式，是依据企业特有的业务模式和组织架构，通过有形的产品和实施方法论支撑，构建一套持续把数据变成资产并服务于业务的机制，如图 8-3 所示。

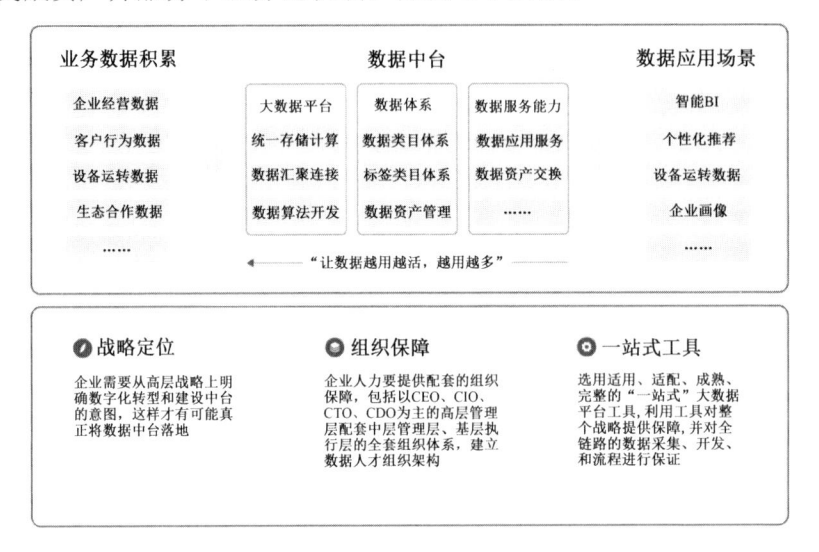

| 业务数据积累 | 数据中台 | | 数据应用场景 |
|---|---|---|---|
| 企业经营数据 | 大数据平台 | 数据体系 | 智能BI |
| 客户行为数据 | 统一存储计算 | 数据类目体系 | 个性化推荐 |
| 设备运转数据 | 数据汇聚连接 | 标签类目体系 | 设备运转数据 |
| 生态合作数据 | 数据算法开发 | 数据资产管理 | 企业画像 |
| …… | | …… | …… |

◀ "让数据越用越活，越用越多"

| ⚡ 战略定位 | ⚙ 组织保障 | ⚙ 一站式工具 |
|---|---|---|
| 企业需要从高层战略上明确数字化转型和建设中台的意图，这样才有可能真正将数据中台落地 | 企业人力要提供配套的组织保障，包括以CEO、CIO、CTO、CDO为主的高层管理层配套中层管理层、基层执行层的全套组织体系，建立数据人才组织架构 | 选用适用、适配、成熟、完整的"一站式"大数据平台工具，利用工具对整个战略提供保障，并对全链路的数据采集、开发、和流程进行保证 |

图 8-3　数据中台

区块链数据中台：区块链数据中台作为统一管理数据采集、计算、存储、加工标准和口径的平台，运用区块链溯源、数据安全沙箱、数据可信交换、智能合约、多业务协同、同态加密等技术，实现数据接入、目录上链、数据交换、数据使用、数据计量、数据监控、数据分析及可视化的全流程管理，为政府、金融、石油、电力、电信等行业提供可信任、智能化、精细化的决策与管理服务。

## 8.2　网络密度与信息密度的进化逻辑

网络密度越高越好，交易成本越低越好。

我们一直在讨论连接。物理连接,造成空间折叠;虚拟连接,造成时间坍缩。然后,通过连接理解商业世界进化的第二条线索,网络密度,终于越来越明显,最终出现在公众眼前。

网络密度和交易成本共同推动了商业的进化。什么叫网络密度?这是一张没有连接的网络图,展示的是商业最开始的状态:商业原始社会。我出生在山里,我也将在山里度过一生。我是猎人,我爸爸是猎人,我儿子估计还是猎人。我们家世世代代都是猎人,靠山吃山,和外面的世界老死不相往来。因此,我们可能永远不会知道,这个世界上还有一户人家,世世代代靠水吃水。他们永远吃不到我们家打的野兔子,我们当然也永远吃不到他们家捕的鱼。在这种情况下,每个家族都是孤零零的与外界没有连接的"交易节点"。在数学上,与外界没有连接的交易节点被称为网络密度为0。

通俗地讲,网络密度就是这些交易节点之间的实际连接数和可能连接数之比。用公式表示如下:

网络密度=实际连接数÷可能连接数×100%

在商业原始社会,交易节点之间的实际连接数是0。所以,商业原始社会的网络密度就是0(0÷136×100%)。网络密度为0,没有任何连接,没有任何交易,这就是为什么我称其为商业原始社会。

然后,连接效率开始提高。人类开始聚集定居,一个个小村落开始形成。小村落里的几户人家之间开始产生连接。连接带来了交易的可能性,于是,小村落里开始出现了分工。男耕女织,每个人都做自己擅长的事情,然后互相交易。这就是小农经济。这个小农经济的网络密度是多少呢?是5.1%(7÷136×100%)。

就这样，网络密度从 0 提升到了 5.1%，我们从原始社会步入小农经济。然后，连接效率进一步提高，出现了长长的、首尾相连的线段。远在天边的一户人家，想从千里之外的你手上买布，怎么办？因为距离太远，你们之间无法直接连接，这时，你们就需要一个或者多个中间节点。中间节点从你手上买布，并不是打算给自己做衣服，只是想以更高的价格卖掉。因为他们的存在，一次交换就像接力跑一样，被拆分成多次交易，首尾相连。这就是线段型商业。线段型商业的网络密度是 12.5%（17÷136×100%），远高于小农经济的 5.1%。

线段型商业，是商业世界的第一次真正进化。从此，世界上出现了一群既不是生产者，也不是消费者的人：商人。然后，连接效率继续提高。一些交易节点因为天然的地理优势、政策优势、技术优势，成为超级节点。这种不断增强的超级节点，把商业文明带到下一个时代：中心型商业文明。

2019 年，我去了两次大理。人们常说，一个人的丽江，两个人的大理，很多人到此享受宁静。但是，这个今天只有不到 70 万人口的西南小城，在 8—13 世纪，却是整个东南亚最大的城市之一。它是当时整个东南亚交易网络的中心，所以，大理又被称为"亚洲十字路口的古都"。古代"空间折叠"最主要的工具是车马，所以大理、洛阳、西安（长安）这些内陆城市，成为超级节点。现代"空间折叠"最主要的工具是海运，所以上海、天津、香港这些靠海的城市成为超级节点。当今"时间坍缩"最主要的工具是互联网，所以百度、阿里巴巴、腾讯等公司成为超级节点。

回到中心型商业文明，它的网络密度是 17.6%（24÷136×100%）。

连接越进化，网络密度越高，商业文明越发达。那么，中心型商业文明会是商业文明的终极形态吗？不是。

只要网络密度还在继续提高，商业文明的进化就不会停止。网络密度的提高，带来了超级节点；网络密度的进一步提高，开始消灭超级节点。就像从前家家都没有电视，但你家有一台电视，你就成了街坊邻居眼中的超级节点。后来每家都有电视了，大家开始回家看电视，超级节点就被消灭。于是，我们开始从中心型商业文明，进化到去中心型商业文明。

这是一个看似倒退的进步。1991年，叶倩文出了一首歌，叫《潇洒走一回》。不得不说，这首歌我一辈子也忘不掉。为什么？因为出门，商场在放这首歌；回家，电视在放这首歌；打开广播，电台也在放这首歌。在那个时代，一首歌要是火了，就真的是国民级的火爆。那时，我们能选择的媒体很少，有限的媒体就是超级节点，一旦超级节点选择播放某首歌，这首歌就无人不知，而歌手也会无人不晓。

在互联网时代，一个个小圈子不用连到所谓的超级节点，就可以形成生态闭环。我在我的小圈子里自娱自乐，你在你的小圈子里如痴如醉，这就是去中心型商业文明。去中心型商业文明的网络密度是多少呢？是 24.3%（33÷136×100%）。

如果科技的进步推动连接效率持续提高，最终网络密度就会达到 100%，也就是说，所有的节点都两两相连，这在理论上是可能发生的，但现实中却非常困难。我给这个也许永远无法实现的商业文明起了个名字：全连接型商业文明。什么样的科技能促使全连接型商业文明变成现实？

很可能是万物互联的区块链。一旦实现了全连接,可能就会出现科幻电影里的场景,所有人类共享一个大脑,我知道的,你也都知道,因为没有信息不对称现象,信用不传递的问题也不再出现。

届时,整个世界的交易成本,可能会接近理论最低。这就是顺着网络密度这个线索,看到的整个商业的进化史:

河运网络—海运网络—空运网络—信息网络—万物互联网络

河运网络:利用河流、运河、湖泊等内陆水体的水路运输网。

海运网络:随着集装箱港口和航线的不断增加,在全球范围内迅速形成了由枢纽港、干线港、支线港及喂给港等分工有序的复杂网络体系。

空运网络:空运网络是由航路、航线、地面助航设备和管制单位组成的复杂交通运输网络。空运网络的活动实体是航空器,任务是使航空器从网络中的某一点按照安全快速的原则飞到网络中的另一点。

信息网络:信息网络专指电子信息传输的通道,是构成这种通道的线路、设备的总称,是"网络"的一种。

万物互联网络:万物互联将人、流程、数据和事物结合在一起,使得网络连接变得更加相关,更有价值。万物互联将信息转化为行动,为企业、个人和国家提供新的功能,并带来更加丰富的体验和前所未有的经济发展机遇。

## 8.3 商业文明的进化逻辑

### 8.3.1 从降低信息不对称的交易成本到降低信任不对称的交易成本

信息不对称理论是指市场经济活动中的各类人员对有关信息的了解存在差异。掌握信息比较充分的人员，往往处于比较有利的地位，而信息贫乏的人员，则处于比较不利的地位。该理论认为：市场中卖方比买方更了解有关商品的各种信息；掌握更多信息的一方可以通过向信息贫乏的一方传递可靠信息而在市场中获益；买卖双方中拥有信息较少的一方会努力从另一方获取信息。

信任在商品购销活动中往往发挥重要作用。对交易各方而言，信任的重要作用在于能提供稳定的心理预期，从而降低由信息不对称所产生的交易成本。当某种不可预见的事件（如契约中不能明确指定的事项）发生时，较高程度的信任能够促使交易各方对如何解决该事件及交易的可能性达成共同理解，从而更快达成协议。具体来说，信任在事前可以减少交易各方的搜集信息的成本；通过使交易每一方都期望另一方在未来予以回报而灵活降低协商成本；信任在事后可以减少交易各方的监督和执行成本，减少耗费在讨价还价和争议上的资源投入。然而，在缺乏信任的情形下，由于机会主义行为可能性的存在，交易伙伴将就未来可能发生的状况进行长时间协商，交易各方还可能用契约性和结构性防御措施来保护自己。

## 8.3.2 从小农经济到丝绸之路到中心化商业再到去中心化商业

小农经济是以家庭为单位、生产资料个体所有制为基础，完全或主要依靠自己劳动，以满足自身消费为主的小规模农业经济。其中，有的以自有土地经营，有的以租入土地经营，亦有两者兼之。

小农经济的主要特点：在小块土地上进行分散经营；生产力水平低，抵抗自然灾害的能力弱；经济地位不稳定，在私有制占统治地位的社会易走向贫富两极分化。

丝绸之路：西汉时，由张骞出使西域开辟的以长安为起点，经甘肃、新疆，到中亚、西亚，并联结地中海各国的陆上通道。丝绸之路是历史上横贯欧亚大陆的贸易交通线，促进了欧亚非各国和中国的友好往来，成为亚洲和欧洲、非洲各国经济文化交流的友谊之路。

在中心化商业中，应用场景更加集中。

去中心化商业是指为了符合现实商业世界，在与中心化公司的竞争中发挥更好的作用。去中心化商业保留了去中心化式自治组织（DAO）的社群自治和企业的管理框架，这样可同时促进企业营利、效率提高和再成长，以及社群的透明、共识和去中心化。

那么，去中心化商业有什么特点呢？

第一，去中心化（Decentralized）。可以将去中心化商业想象为一间酒店，项目团队为收取服务费用的酒店管理公司，而持有代币的社群才是真正的酒店产权所有人。日常业务由团队代为管理，而重大决策将以透明公开的方式交由社群自治。所以在付出成本、管理费和项目再投资后的盈余，将会返回社群。

第二，可盈利（Profitable）。去中心化商业是可盈利的，因为企业服务会产生利润，而最终的盈利在成本扣除的情况下，会经由先前制定的一些方式回馈社群。比如，利用所得利润进行回购，再利用代币销毁或社群空投的方式返还。

第三，可实用（Usable）。去中心化商业所推动的商业产品是符合市场要求的，也就是必须具有实际用例。所以当去中心化商业被实际企业应用时，将同时付出等值的项目代币作为费用，进而提升整体代币的需求。比如，如果某家公司想使用去中心化商业的数据分享平台，则需要购买大量的项目代币并在使用时支付以作为服务费用。

第四，可分享（Sharable）。许多商业资源将是可以分享的。去中心化商业提供的产品及服务，最终是需要有人去使用的。比如，某社群成员住在巴西，如果他觉得项目的技术框架很适合当地企业运用，那么他可以通过社群提议来寻求技术与商业资源，如启动资金和开发协助，最终通过与项目团队和社群共同合作，把项目推广给当地企业来使用，进而提升整体价值。

第五，可持续（Sustainable）。去中心化商业是可持续的，通过社群治理系统将可以决定项目的走向、社群提议的执行及资金的使用等。由于盈利的产生，更多的资金可以投入主项目或子项目，又或者进行商业并购。更多的商业行为可使项目不断再成长，最后形成一个具有可持续性的生态圈。

## 8.4 数字化改革与生产关系科技的融合

### 8.4.1 数字政府 数字社会 数字经济 数字法治

数字政府是一种遵循"业务数据化,数据业务化"的新型政府运行模式。数字政府以新一代信息技术为支撑,重塑政务信息化管理架构、业务架构及技术架构,通过构建大数据驱动的政务新机制、新平台、新渠道,进一步优化调整政府内部的组织架构、运作程序和管理服务,全面提升政府在经济调节、市场监管、社会治理、公共服务、环境保护等领域的履职能力,形成"用数据对话、用数据决策、用数据服务、用数据创新"的现代化治理模式。

数字社会建设就是在新型城镇化建设中更新理念、更新手段、更新内容、更新主体。数字社会强调的是以数字化发展推动智能化、精准化的社会管理、社会服务和社会公共品的供给,它的特征是社会性、普惠性和智慧的提升,进而引领高品质的社会生活。数字社会具有四大特征:

第一,跨域连接与全时共在。跨域连接首先解决的是普遍连接的问题。普遍连接既包括人与人之间的数字化连接,也包括智能设备与智能设备等物与物之间的数字化连接,还包括依托数字化而实现的人、物、智能设备相互之间的连接和贯通。与此同时,跨域连接在普遍连接的基础上,依托数字化所带来的虚拟化的独有便利,革命性地解决了跨越地域空间限制而实现有效连接的问题,从而真正实现了全球网络一体化的互联互通目标。在跨域连接而成的网络世界里，任何一个具体的人、物或计算机、智能设备、服务器，都作为数字化网络上的"连接点"而存在。有了普遍连接和跨域连接这样的基础条件和技术支持作为保障，虚拟形态的网络空间也就自然演变为一个行为空间，人们随时随地可以登录网络空间，介入网络生活。在登录和介入以后，就可以全时共在了。

第二，行动自主与深入互动。数字社会、网络时代和赛博空间，客观上为作为社会生活行为主体提供了极为便利的基础条件。人们在线下的实体社会之外，有了网络空间这一可以无限延展的行为活动场所。与此相应，数字化、网络化和智能化的便利，不仅实现了人类网络行为活动的虚拟呈现，而且也能够让这些网络行为活动在网络空间里持续展开，彼此之间可以进行更为深入的交往互动。此外，人们可以在网络空间里聚集起来，围绕共同关注或感兴趣的社会议题、公共话题或具体事项，展开深入持久的交流讨论和沟通互动。同时，人们可以随时加入或退出某一讨论，网络空间里的交流互动是每时每刻都在进行的。

第三，数据共享与资源整合。网络世界连接的是一个个人、一台台计算机和移动终端设备，以及一个个大型服务器和数据库。在某种意义上讲，网络空间其实就是一个信息数据不断生成、存储、流转和分享的特定空间。信息数据的流通和共享，是其独有的优势所在。这样的优势，在整个人类文明进步的历史上前所未有。一旦网络空间实现了人、计算机、服务器、智能设备和信息数据资源库的连接，这就意味着它把各类资源要素都吸纳和集中在这个特定的平台之中了，人们也就能够最大限度地对各类资源要素进行整合利用，使其发挥出最大的效用。网络空间的资源整合，可以跨越现实的地域空间界限，通过这种方式可以方便快捷地完成资源要素的对接和组合，提升资源整合利用的有效性和时效性。

第四，智能操控与高效协作。机械化、自动化和智能化的实现，是科学技术进步带给人类社会生活的福利。从根本上来讲，人工智能就是基于数字化发展的时代背景，将数据信息获取、数据运算处理和数据挖掘运用紧密结合起来，再依托特定设备而得以实现的"类人脑"运算处理和功能呈现过程。通过运用数字技术等当代信息技术手段，曾经人们使用自身体力来直接操作生产工具的劳动方式，逐渐被使用自身脑力来间接操作生产工具的劳动方式所代替。一系列智能设备和自动控制设备，都为人们提供便捷高效的服务。除了智能操控，数字时代的人们还可以享受高效协作的便利。因为网络世界既实现了物与物的连接，也实现了人与人的连接。技术或工具意义上的互联网络背后，隐含的其实是社会与文化意义上的关联和关系网络。与网络空间里的资源整合相一致，人们依托网络空间这一平台和场域，在各个不同的工作与生活领域中进行彼此合作。在数字社会和网络生活的条件下，不仅人们之间相互联通的方式变了，整个社会生活当中的经济运行、生产管理、价值创造、贸易往来、服务提供、教育培训、文化创新、社会交往、休闲娱乐等方方面面的生活内容、呈现方式和运作机制，也都发生了深刻的变化。

数字经济指的是一个经济系统。在这个系统中，数字技术被广泛使用，并由此带来了整个经济环境和经济活动的根本变化。数字经济也是一个信息和商务活动都具有数字化的全新的社会政治和经济系统。企业、消费者和政府之间通过网络进行的交易迅速发展。数字经济主要研究的生产、分销和销售都依赖数字技术的商品和服务。数字经济的商业模式本身运转良好，因为它创建了一个企业和消费者双赢的环境。

数字法治的基础是数字行为，在一定程度上表征数字行为的数字信用，以及主体之间的行为准则的数字规则。可以说，数字司法是数字经济、数字社会的社会性、关键性基础设施。从内在结构上说，数字法治基本结构包括数字身份与数字合约、数字治理与数字司法。数字法治是推动数字赋能向制度重塑的关键环节，是国家治理体系与治理能力现代化的示范探索。

基于区块链低成本地进行数据确权，实现数据资源化、资产化，并通过"可用不可见"的方式实现跨域数据的可信安全多方调用，结成跨域数据流通的赋能网络，从而驱动全链网的数字化生产要素的流通与循环，助力各种应用场景实现闭环。在这一套技术解决方案的促进作用下，可实现各行业网络间的高密度跨域融合的生态裂变。

## 8.4.2 发展数字经济的目标：未来的数字工厂

### 8.4.2.1 通证的逻辑

数字经济学的货币理论基础，更确切地说是现在区块链所提到的"通证经济"。

换句话说，我认为通证经济就是数字经济学的"宏观经济理论"或者"货币经济理论"。这里，货币的概念是一个广义的"价值权益"的概念，而不限于其载体或者具体的交易价值。因此，我们需要回到传统经济学的货币理论。

众所周知，经济学理论分为宏观经济学和微观经济学，这是从物理学理论中迁移过来的思路，而这个分类方式实际上受到了多方质疑。美国芝加哥大学、加州大学洛杉矶分校的学者认为这种划分方式有误导性，因此用"价格理论"和"货币理论"来替代微观和宏观的说法。

实际上，这意味着他们认为，有没有货币的存在是不同经济学研究的关键区别。微观经济学研究的是市场经济中价格机制如何发挥作用，是一个引导不同的经济主体进行选择的学科。而宏观经济学研究的重点就是货币理论，货币的价值不稳定导致的通胀或者通缩现象是宏观经济学研究的重点。

因此，数字经济学中关于货币理论的研究，也就正好对应了区块链经济中关于通证经济的学术研究模块，通证经济的本质就是研究通证（token）在经济中流通的作用。接下来，我们基于宏观经济学（货币理论）来讨论通证经济的价值和理论要素。由于篇幅所限，本书仅讨论核心理论。

通证经济的基础是其具备一定的货币属性与职能，这是毋庸置疑的。我们先来看传统经济学中对货币职能的讨论，主要分为三个方面：一是作为交易媒介，二是具备贮藏价值，三是作为价值尺度。反过来看，通证显然同时具备这三个要素，只不过除了满足了货币要素的基本功能，通证还具备六个特有的属性和特质。

通证作为数字权益证明，是数字经济中流通的价值权益，因此它不仅具备通常的货币属性，而且在一些特殊的数字场景中能够发挥常规货币无法发挥的作用，拥有一般货币不具备的特殊属性。比如，Slock.it基于以太坊计算机构建的"通用共享网络"（Universal

Sharing Network，USN），它的目的就是"重写物体如何共享的规则，并使任何个人或企业能够通过其家庭、电器、办公楼实现货币化"，而这个功能是普通货币无法实现的。

由于通证流通于数字经济之中，其加密属性是非常重要的，也就是如果没有区块链技术中的密码学所保障的真实性、防篡改性及时间戳等特质，通证的信用就无法得到保障。

通常认为，货币的背后本质就是信用，而区块链如何赋予通证信用呢？主要来自数学、密码学及对技术保障的分布式共识的信任。正因如此，数字通证才具备其信用特质，才会被有心之人拿来进行荒谬的炒作以误导大众。

通证的流通性是高于普通货币的，这是因为数字经济所依赖的基于比特的网络流通效率远高于现实经济世界。

区块链网络中通过构建不同的社群来形成不同的 DAO（未来经济的主体），而通证就是购买这些区块链项目所需要的产品和服务的权益凭证。如果这些网络本身提供的产品和服务没有实际的应用价值，那么通证就毫无价值了，也就变成了所谓的"空气币"。

将这个基本逻辑梳理清楚以后，我们就能理解，为什么区块链社群一定基于实际的产品和服务。就好比一个企业，如果它无法提供任何有价值的产品或者服务，那么它的股票价值应该也是一文不值的。

通证经济要解决的微观问题就是其机制设计问题，由于通证可以将很多无法量化的权益进行通证化，因此它所构建的商业体系就更为复杂多元，而其机制设计更涉及了一个 DAO 组织的基本逻辑和商业模型。这就是现在很多从事区块链行业的专业人士所研究的问题，也就是所谓的"币改"问题。

"币改"问题讨论的是企业通过发行通证进行币改转型，在将企业的资产数字化的同时也重构了企业的基本形态。这里需要讨论的内容同时涉及数字经济的企业生态及通证经济中关于货币价值和数量的量化问题，只有同时从管理学角度和经济学角度着手，才能真正解决这个问题。

#### 8.4.2.2 要素的逻辑

#### 1. 数字经济中的"大数据"特征

数字经济是以数字技术为依托，以数据的生产、流通、使用、消费等活动为支柱的全新经济形态。在数字经济下，数字技术逐渐渗透经济和社会的各个层面，人类所有的活动环节都逐渐被数据记录，数据产生主体泛化倾向，数据收集和创建的体量前所未有。从数字技术与经济活动融合的进程看，互联网特别是移动互联网的全面普及和渗透首先推动了消费端的数字化。中国互联网络信息中心（CNNIC）发布的第 49 次《中国互联网络发展状况统计报告》显示，截至 2021 年 12 月底，我国网民规模为 10.32 亿人，庞大的网民数量为消费市场贡献了海量数据。消费端数字化要素向供给侧的渗透进一步带来产业互联网的发展，传统行业在 5G、移动互联网、物联网、云计算、大数据等数字技术的赋能下，可以实现更大范围的数字化和互联互通，包括来自生产端的机器装备、传感器等实时产生的海量数据。由此可见，数据的海量集聚和爆发式增长是数字经济发展的一个长期趋势与特征。国际数据公司 IDC 发布的《数据时代2025》白皮书预测，2025年全球每年产生的数据将高达175ZB，相当于平均每天产生491EB的数据。

数据的重要性体现在其信息和知识的属性上，信息不断从海量数据中提取出来，通过信息解读转化为创造性的知识，从而支撑经济主体实现高质量发展。唐·泰普斯科特在《数据时代的经济学》中提出，全社会各环节的海量数据已不再是传统数据处理程序的累赘，而是一种新的资产。随着数字技术与经济活动的不断融合，数据逐渐从辅助性资源中独立出来，演变为推动经济高质量发展的关键生产要素。

### 2. 数据演化为生产要素的理论依据

尽管当前经济社会呈现出数据指数级增长的特征，但规模（Volume）属性不是数据成为关键生产要素的原因。基于辩证唯物论的视角，任何事物的产生、发展和灭亡都是内因和外因相互作用的结果。内部矛盾是事物发展的根本原因，外部条件是事物发展的动力，可促进或阻碍事物的发展。因此，数据演化为关键生产要素的原因需要从内部矛盾和外部条件两方面进行综合分析。

首先是基于生产力要素的内部矛盾。数据演化为关键生产要素符合马克思对生产力内涵的阐述。马克思指出："生产力，即生产能力及其要素的发展。"因此，生产力包括两个重要的层面，一是创造财富的能力，二是在人类需求倒逼下出现的关键生产要素的动态演变。后者表明，每一次经济形态的重大变革，都伴随着新型生产要素的诞生，形成更加先进的生产力来创造物质和精神财富，这是有限生产力与人类日益增长的需求矛盾所导致的必然结果。

在"农业经济—工业经济—数字经济"的发展过程中，我们面临持续增长且不断高级化的发展需求，劳动力以外的关键生产要素大体经历"土地—资本—企业家才能—数据"的演化。从生产要素的特征来看，关键生产要素的演化呈现出竞用性逐渐降低、通用性不断增强的趋势。在农业经济时代，土地在生产过程中具备极强的竞用性。在人口数量持续增长的趋势下，土地对生产力的贡献很快达到极致。进入工业经济时代以后，能够部分打破自然资源约束、有效扩大再生产的资本（生产性机器、设备等）应运而生。同样的生产机器可以被不同劳动力使用，这无疑提高了资本与劳动力的结合水平。到了工业化后期，物质条件的不断丰富导致消费者需求高级化发展，厂商需要不断提高劳动力、资本、土地等生产要素的配置效率，以有限的要素投入形成更有竞争力的生产力，于是企业家才能成为关键生产要素。企业家进一步降低了生产要素的竞用性，可以灵活、弹性地服务于不同生产组织。比如，经理人不仅可以在委托公司发挥才能，还可以通过智库专家等形式为其他经济主体提供资源优化配置方案，进一步加深与其他生产要素的结合程度。

在数字经济时代中，数据产生和流通的速度前所未有，整个经济系统呈现出极高的复杂性，其中消费者需求碎片化、个性化，而供应链体系趋于数字化、智能化。此时，企业家已经难以应对充满不确定性的外部环境和内部复杂的组织管理，须通过数据搜集、处理才能得到真实信息和新的知识，从而驱动精准决策来应对复杂经济系统的不确定性。数据天生具备非竞用性，能够在全球范围内被不同主体同时使用而不产生任何损耗，因此极大提高了知识生产效率，经济增长质量也随之提升。同时，数据流通带来真实信息的互联，通过减少信息不对称缓解市场失灵的问题。厂商通过对外部环境和需求变化的研判，能够有效避免劳动力、资本、技术等要素配置的盲目性，形成敏捷、柔性的生产方式，从而实现企业资源配置效率的最大化。

首先，数据的生产要素属性建立在数字技术进步的客观事实上。海量数据必须与算力、算法相结合才能打通价值创造的链条。在云计算、边缘分析等数字技术得到成熟运用之前，海量数据的存储、计算、分析需要投入大量人力、物力。基于算法的限制，初始阶段数据转化为有效信息的能力有限，企业不会付出高昂的成本来使用数据创造较少的价值。因此，"数据+算力+算法"是人工智能的基本要素，也是数据演化为生产要素的外部必要条件。从算力角度看，云计算等基础设施全面覆盖，使海量数据的存储、处理、应用成为可能。与此同时，由摩尔定律可知，数字技术成本将持续下降，生产部门更有动力通过数据挖掘优化资源配置。从算法角度看，算法的迭代更新不断提高从数据中提取有用信息的能力，信息的积累带来新知识的获取，进而提高决策的能力。因此，生产部门只有在基于算力、算法等数字技术普惠发展的客观条件下，才具备经济动机，利用数据创造价值。

其次，人类价值观的动态变化倒逼数据成为关键生产要素。生产要素的演进是由消费者需求推动的，而需求根植于人类价值观的发展水平之中。工业经济下的大生产模式通过机器和设备等途径来放大和延伸体力劳动，此模式下追求的是丰裕的物质财富生产。在物质需求得到不断满足的情况下，个性化、定制化的消费主义浪潮开始出现，原始生产要素对于满足消费者需求的动态变化无显著贡献，而数据可以对消费者价值观进行精准映射。与工业经济时代不同的是，数字经济时代通过不断放大和延伸智力劳动，将人类的自我实现需求置于经济活动的中心，主要追求物质和精神的高水平发展。

#### 8.4.2.3 资本的逻辑

**1. 重塑结构**

数字经济规模不断扩张，占 GDP 的比重达 1/3。根据中国信息通信研究院《中国数字经济发展白皮书（2020 年）》，2019 年我国数字经济增加值的规模达到 35.8 万亿元（见图 8-4），占 GDP 的比重达 36.2%。其中，数字产业化占 GDP 的比重为 7.2%（包括电子信息制造业、软件行业、电信业、互联网行业），产业数字化占比为 29.0%。与 2005 年相比，我国数字经济规模增长了 12.7 倍，年化复合增长率高达 12.6%，占 GDP 的比例提升了 22 个百分点。可见，数字经济已经成为推动国民经济稳定增长的核心动力。

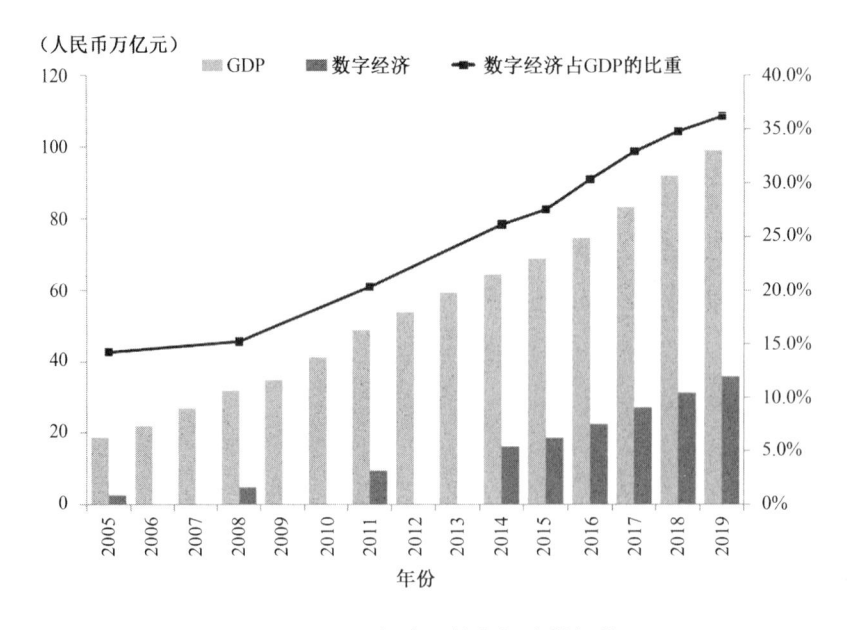

图 8-4 2019 年我国数字经济增加值

数字经济核心层和平台层相关行业的上市公司在中国上市公司的市值比重也在提升，截至 2019 年年底达到 31%（见图 8-5）。此外，我们也分析了中国数字经济相关板块在中国上市公司的市值占比，由于中国互联网公司在海外上市的比例较大，因此我们将 A 股和海外中资股合并计算。上述核心层和平台层相关行业包括电信服务、互联网等，总体来看，这些公司的市值占中国上市公司总市值的 31%。

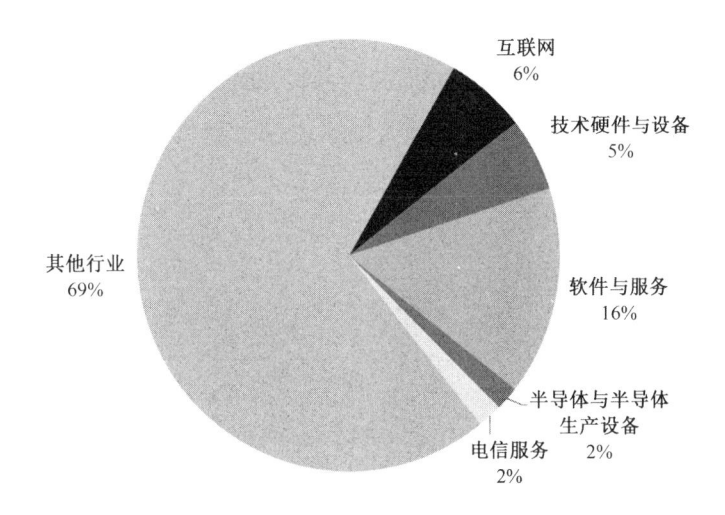

图 8-5　截至 2019 年年底，核心层和平台层相关行业的上市公司在股票市场中的市值占比达到 31%

### 2. 提升效率

数字经济的发展能提升信息传播效率，推动大数据分析应用，降低信息不对称、提升市场效率，这一影响在资本市场也适用。数字技术的推广应用，有利于上市公司、中介机构、投资者等市场参与主体的信息交换，提升资本市场效率。对于资金端的居民，有助于促进产品和需求的匹配；对于融资端的企业，有助于扩宽直接融资的渠道，强化价格发现的功能，更好地满足融资需求。监管层的信息资源也将更加丰富，监管能力和风险识别能力也能全面提升。在这个过程中，资本市场作为资金导流器的功能将越发明显，规模提升，投融资效率也有望提升。

随着资本市场效率的提升，机构化趋势将进一步巩固。在一个更有效率的资本市场中，市场对于资产的价格发现功能将会更为完善，有助于减少套利机会。在这一趋势下，投资的专业性将增强，不具备信息优势的普通个人投资者更加难以获利，居民在投资时将更加依赖专业机构投资者的力量，从而促进机构投资者占比的提升。投资者结构的演进也会影响市场整体的投资风格，重于"投资"、减少"投机"（见图8-6和图8-7）。

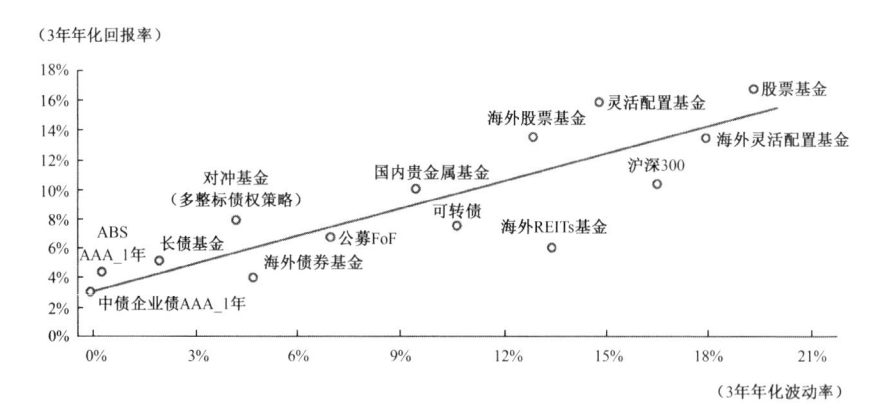

图8-6 中国公募基金风险收益结构

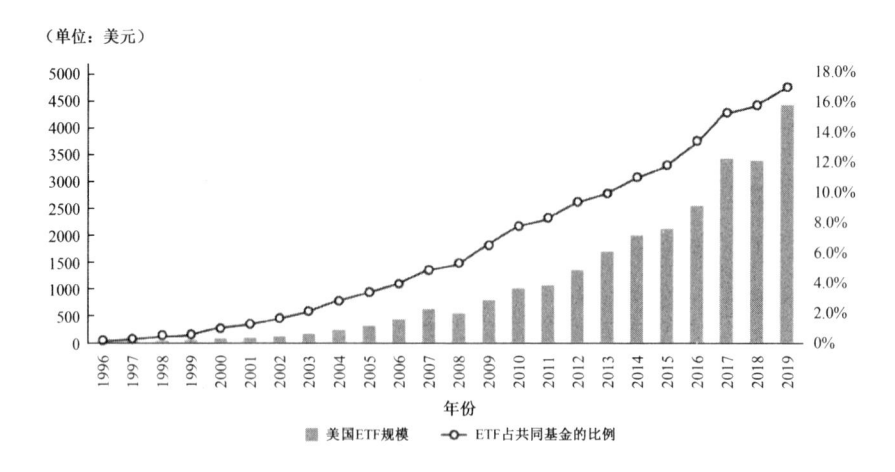

图8-7 美国ETF产品规模占共同基金的比例

### 3. 丰富产品

数字经济的发展也为金融产品的创新提供新的动能。第一，数字经济时代，新的基础设施的建设有助于节约金融交易的成本，提高金融交易的效率。第二，数字经济的应用也将体现在指数和产品的创新上，如基于个人的搜索热度可以用来构建可投资的指数。第三，随着数字经济时代资本市场有效性的提升，"信息不完全"和"信息不对称"对金融效率的不利影响也将减少。第四，基于数据挖掘和分析的量化投资有望盛行。

#### 8.4.2.4　金融的逻辑

金融与数字经济的关系可以有两个层面上的理解，一个是被数字经济所改造的金融，或称数字金融；另一个则是服务于数字经济的金融，以前也被称为科技金融。

在第一个层面上，近年来颇为热闹的"互联网金融""金融科技"就是最好的注脚。数字化金融首先表现在金融工具的数字化上。金融工具主要有两类——债务类工具（比如票据、债券等）和权益类工具（最典型的是股票）。这两类金融工具的数字化目前都已相当发达，纸质票证已变得较为少见。其次是金融市场的数字化。金融市场大致有三种形态：第一种是交易所市场，存在固定场所、固定竞价方式的集中交易；第二种是柜台市场，买卖双方开展协商式的、分散化的交易；第三种是场外的市场，既没有固定场所，交易双方也无须面对面，主要借助电子化手段进行交易。目前这三类市场的数字化改造速度都很快。早在 1999 年，东京证券交易所就关闭了交易大厅，全部交易都经计算机辅助下单与执行系统完成。2017 年，港交所也宣布关闭交易大厅，而沪深交易所的电子交易同样占据主要地位。再次是金融参与方式的数字化，包括政府和中央银行、商业银行等金融机构及企业和居民等在内的参与者，都在采取数字化、移动化的方式。例如，根据中国金融认证中心（CFCA）发布的《2020中国电子银行发展报告》，目前个人手机银行用户的比例已达71%。

在第二个层面上，金融是数字经济发展的助推器。首先，金融活动能够引导资金流向该领域，满足数字经济发展的融资需求。其次，金融市场具有信息聚集和价格发现功能，降低了交易成本和信息成本，增加了交易机会。同时，金融市场的信息反馈机制和价格变动可以反映数字经济行业个体或整体的发展状况，为政府管理与调控创造条件。最后，金融市场能够为数字经济分散和转移风险提供工具，提高该行业的创业积极性。数字经济的资金需求大、风险高，与金融的关联度是与生俱来的，科技金融也成为各政府必须思考的命题。

科技金融的路径主要有两条：一是政府建立引导基金或者母基金，引导社会资本投资数字经济；二是提供多层次的股权融资，如风险投资、创业投资等。2020年，《国务院关于推动创新创业高质量发展打造"双创"升级版的意见》提出，要充分发挥创业投资支持创新创业作用，抓紧完善进一步支持创业投资基金发展的税收政策，营造透明、可预期的政策环境，充分发挥国家新兴产业创业投资引导基金、国家中小企业发展基金等引导基金的作用，支持初创期、早中期创新型企业发展。

### 8.4.2.5 产业的逻辑

我国超大规模的市场优势为数字经济的发展提供了广阔而丰

富的应用场景。数字经济不仅实现了自身的快速发展，也成为推动传统产业升级改造的重要引擎。

数字经济赋能产业转型升级，背后有扎实的基础，主要体现为总量优势和应用驱动。《中国互联网发展报告 2020》显示，我国数字经济快速发展，2019 年规模已达 35.8 万亿元，位居世界前列，占国内生产总值的比重达到 36.2%。数字技术应用场景不断丰富，逐渐与生产运营、社会治理等诸多领域深度融合。在工业领域，工业互联网已经成为产业赋能的重要载体，企业将基础设施、管理、业务等部署到云端，利用网络便捷地获取计算、存储、数据、应用等各种资源。在服务业领域，以共享网络平台为组织形式、以信息技术为手段的资源配置优化新形态层出不穷。

在疫情防控常态化背景下，数字经济的优势进一步凸显，数字赋能有效提升治理能力。基于云计算、大数据技术的"防疫健康码"，对精准防控、加快推动复工复产起到了重要作用。数字赋能稳定居民消费，直播带货、线上团购、云旅游等新型消费方式不断涌现，一定程度上弥补了线下消费的不足，对稳定消费起到重要支撑作用。国家统计局数据显示，2020 年 1 月至 5 月，与互联网相关的新业态、新模式继续保持逆势增长。全国实物商品网上零售额同比增长 11.5%；实物商品网上零售额占社会消费品零售总额比重为 24.3%，比 2019 年同期提高 5.4 个百分点。数字赋能催生新需求，疫情防控期间，数字经济发展进入加速期，在线教育、在线问诊、在线娱乐、远程办公等一系列线上需求呈井喷式增长，这些新需求又反过来推动了数字技术加速创新。

当前，促进数字化转型的有利条件在不断积聚。数字技术与各类技术广泛连接，驱动传统产业数字化转型的认同度越来越高，我国在为推动数字经济发展提供相关的政策保障，国内广阔的市场也为技术应用提供了宝贵的空间。从前期的生产数字化、办公数字化，到后来的智慧城市建设，再到各类新型基础设施建设的不断完善，这些探索都为技术与产业融合提供了试错、容错、改进、提升的难得机会。同时，人们对"数字中国"有着很高的期待。人们期盼更好的产品、更优质的服务、更可靠的社会保障等，需求牵引供给。正是这些实实在在的期待和市场需求，为产业进行数字化转型提供了扎实的支撑。未来，数字经济与产业深度融合将是中国经济发展的大趋势，各行各业的数字化转型步伐将大大加快，尤其是大数据、云计算、物联网、人工智能、5G 和区块链等数字技术的广泛应用，将进一步提升传统产业生产效率，激发传统产业发展活力，加快传统产业升级改造的步伐。

当然，数字经济的发展不能一蹴而就。数字化转型不是另起炉灶，而是在已有产业的基础上进行嫁接转化，以有效需求为牢固支撑，在更加丰富的应用场景中实现从量变到质变的突破。数字化转型与实体经济产业链、供应链、价值链的优化是紧密相关的，数字赋能是产业、资本、技术、人才、数据多方融合共振的最终结果。在循序渐进的发展中，数字技术必将为生产力的提升打开新的空间。

## 8.4.3　全新的高速循环的生态体系

### 8.4.3.1　数字要素市场

伴随着新一轮科技革命和产业变革的多年持续深入发展，数字经济已经有了全新的内涵和发展范式，各行各业开启全面数字化，深刻影响社会生产生活的发展，促进全球经济格局重塑。

目前，数字经济的增长速度是普通经济的 3.5 倍，数字经济投资回报率更是非数字经济的 6.7 倍。数字经济正在经历高速增长、快速创新，越来越广泛地影响其他经济领域。一个以计算能力为基础的，万物感知、万物互联、万物智能的智能化数字经济世界，正在加速到来。

### 1. 算力

万物互联才会产生各种各样的大数据，包括整个空间泛在的数据、老百姓社会活动场景的数据等。数据在使用的时候叠加新的数据，形成数据库的存储、通信和计算问题。所以算力的确抓住了社会的核心，如果说工业互联网、产业互联网、数字经济的基础条件是能使万物"发声"的关键，促使万物互联的纽带是 5G，那么实现人机互动智慧世界的关键就在于人工智能，在于算力，在于由大数据、云计算、人工智能、区块链等数字化综合体形成的算力。

在数字经济时代，国家和国家竞争能力高低的核心指标就是算力。算力包含五个方面：一是计算速度，芯片、服务器、计算机、超算系统都反映这方面的能力；二是算法；三是大数据存储量；四是通信能力，包括 5G 基站的数量、通信的速度、延滞、带宽、可靠性、能耗；五是云计算服务能力，包括数据处理中心服务器的数量。哪个国家 5G 基站多、云计算数据处理中心服务器规模大、存储数据多、通信量大、算法高明，哪个国家的算力就强，就有强大的通信力和竞争力。总之，在数字经济时代，国家和国家的核心竞争力以计算速度、计算方法、通信能力、存储能力、数据总量来代表国家的竞争能力——算力。

从硬件基础设施上说，云计算数据处理中心中的服务器数量和5G基站数量代表数字经济的强弱。服务器有三个功能，即通信、存储和计算，相当于一台大型计算机。硬件上取决于服务器和基站的多少，一个地区后台使用的服务器多，表明这个地区数据存储量大、通信量大、计算量大；5G基站多，表明通信覆盖程度广。至于软件，就看数据服务能力、算法和算力了。

### 2. 算法

被网络"包围"的生产生活离不开"算法"二字。工厂生产多少，流程是什么，都需要算；店铺进什么样的货，货架如何摆放，也需要算；外卖、网约车是否便捷，都与算法息息相关。作为数字经济的基础与核心，算法支撑着生产运转与服务效率。以外卖为例，每增加一个订单，系统就要在毫秒内算出最优路径，每缩短一分钟，都要通过技术与算力实现。衣食住行，都离不开算式。甚至工业生产的规模、工艺等，有时也需要算法。究其根本，都是用智能平衡供需关系，提高效率。算法向更多领域渗透，不断缔造新动能，教育就是其中之一。利用算法，我们建立精准题库，推断知识薄弱点，智能生成个性化学习方案。教育部预计，在线教育市场将以超过20%的增速发展。医疗、文化、农业等，也因算法注入不断演化新业态。中国科协原党组书记怀进鹏认为，算法已成为社会、产业发展的内在要素和核心竞争力，脱离数字化的产业或将被边缘化。在数字经济时代，计算力决定着发展潜力。某种程度上，判断一个产业转型是否取得成效，企业创新是否蕴含活力，核心在于能否拥有精准的算法。怀进鹏说，数字化将使成本大幅降低，有效提高生产力，给交易方式、决策方式等带来变革。企业和产业都要投入其中，学会数字化生存。模型越复杂，服务越具个性化，需求越升级，对算法的要求也就越高。

### 3. 数据

发展数字经济，不要把数字经济仅仅当作一个新的产业来看待。应将数字经济看作跟农业经济时代、工业经济时代相对应的新的经济形态和阶段，所以说数字化转型实际上是从工业经济时代向数字经济时代的转变。在数字经济时代，数据已经成为关键生产要素，就像土地、劳动力和资本是农业经济时代和工业经济时代的关键生产要素一样。一个城市发展前景如何，关键要看数据和人才。城市的产业、资源等，都是数据的基础。政府将这些数据汇集起来，转化为数据资源，然后再依据这些数据资源，建立一个大平台，依靠数字人才来开发利用数据资源。政府从基础数据资源和数字人才角度，构建数字经济的生态系统，这应该是数字经济时代政府部门工作的重心。

#### 8.4.3.2　数字化金融市场

2020年，区块链技术在分布式金融领域取得了巨大进展，DeFi经历了2年来的酝酿，出现了现象级大爆发。数据显示，从2020年4月到7月的三个月时间里，DeFi的代币市值从10亿美元上涨到100亿美元，涨幅超过10倍，而DeFi行业锁定的资产总量也已经超过35亿美元。DeFi惊人的增长速度及业务发展的巨大空间引发了广泛关注。

所谓DeFi，是Decentralized Finance（分布式金融）的缩写，一般指基于智能合约平台构建的加密资产、金融类智能合约及协议，目前主要通过以太坊来实现。举例来说，如果你想在传统金融做抵押借贷，就需要进行身份审核、资产评估等一系列繁复的手续，非常麻烦。而 DeFi 则只需要在相应平台通过智能合约抵押数字资产，就可以完成借贷。同时，DeFi 还通过预言机、稳定币等多种手段将现实世界的资产、数据映射到区块链上。DeFi 将传统金融搬到区块链网络，降低了协作成本，提高了运营效率，同时打造了一个面向全球开放的无国界金融体系。自 DeFi 的概念诞生以来，已经逐渐发展出了借贷、衍生品、保险、支付平台等多种金融创新形式，并且结合区块链技术通证激励的特点，形成了更多元化的业务模式。未来，DeFi 可能发展出既能映射传统金融的各种领域，又具备自身更为先进业务模式的崭新的金融世界。

目前很多区块链从业者非常看好 Defi 的前景，众多大型区块链技术公司也在进行布局。比如，被大家熟知的区块链巨头火币集团，就成立了 Defi 实验室，联合全球社区构建 Defi 生态。

### 1. DeFi 的优势和特点

传统金融领域的利润十分丰厚。与传统金融相比，去中心化金融通过区块链技术实现了去中介化，减少了中间人角色，从而降低了中间环节所带来的巨额成本。

如果拥有一笔 ETH 的财产，并希望用它来作为抵押物获得贷款，那么通过去中心化金融就十分便捷。这样在融资的效率和简便性上就比传统金融要优秀很多。只需要归还借款并支付约定的利息或手续费，就能赎回自己原来的 ETH，既获得了贷款，又有机会享受币价增值带来的收益。整个过程中都没有任何的人为参与，一切完全通过代码运行。可见，在 DeFi 体系中，传统金融领域中的特权机构被代码和智能合约所取代，随着去中心化金融的逐步落地，未来普通大众将有机会享受到自己的金融资产所蕴含的金融价值，金融业务使用者也有机会用更低的成本享受到服务，整个金融体系的运行效率将极大地提升，而成本则大大地降低了。

从更高维度来看，DeFi 最重要的愿景是将所有的资产通证化，最终在全球形成一个无国界的开放金融系统。在这里，一切的运行由智能合约和代码作为中心，没有暗箱、没有隐私信息被审查或利用，一切数据公开透明，无须以相互信任为基础，也不需要任何的准入门槛，所有人都能够以任意的颗粒度进行公平交易。

今天在区块链技术的支撑下，这一切已经不断实现了，对 DeFi 的未来人们更加充满期待。同时，也正是由于现阶段去中心化金融的体量与传统金融相比极其微小，拥有巨大发展空间，因此，对于投资者而言，雏形已现的 DeFi，未来有机会为自己带来巨大的投资回报。

## 2. 什么是去中心化借贷

在了解去中心化借贷之前，大家需要先理解借贷双方的定义：借贷双方主要指的是出借人一方和借款人一方，所以称借贷双方。借指出借人，贷指借款人。

去中心化借贷是指通过去中心借贷协议匹配借方与贷方，在抵押确认后即时划转资产，完成借贷行为。

去中心化借贷协议为平台提供了标准化和互操作性的技术基础，并在贷款过程中起到安全管理的作用。与传统的借贷模式相比，去中心化借贷模式具有以下特点：

（1）法币贷款与数字资产贷款相合并（稳定币模式可以看作法币和数字资产的结合）；

（2）基于数字资产的抵押；

（3）通过自动化实现即时交易结算，并降低实际成本；

（4）用超额抵押模式代替信用审查，这意味着可以为那些无法使用传统服务的群体提供服务。

去中心化借贷平台常用的"抵押贷款"形式：借款人须将价值高于借款的资产作为抵押品，以保证在无法偿还债务的情况下，贷款人可获得抵押品。

去中心化借贷的服务人群：谁可以是数字货币借方和贷方？借方包括量化交易平台、加密货币对冲基金、区块链项目方、矿场等，它们希望通过抵押数字资产获得现金流，或通过借贷对冲风险。贷方包括资产管理人、家族办公室和高净值个人等，他们希望利用手中的资产放贷以获得额外收益

### 3. 去中心化借贷的三种模式

最为有名的四个去中心化贷款协议分别为 Compound、Dharma、dYdX 和 MakerDAO，我们将其归纳为三种模式：

（1）P2P 撮合模式。

Dharma 和 dYdX 都是撮合借方和贷方的点对点协议。因此，基于这两个协议的贷款和借款数量是相等的。

例如，Dharma 中由智能合约充当"担保方"角色，评估借方的资产价格和风险。债权人则根据"担保方"提供的评估结果决定是否贷款给借款人，当借款人无法按时还款时，"担保方"将自动执行清算程序。Dharma 的借款期限最长为 90 天，贷款利息是固定

的。贷款人的资金在放贷期间被锁定,只有在与借款人匹配后才开始赚取利息。dYdX 协议也属于 P2P 模式,它与其他借贷平台之间的主要区别是,dYdX 支持除了借入借出的其他交易,如期货交易。交易者在 dYdX 开仓时,会借入保证金,并与贷方通过平台就条款协议达成一致,进行保证金交易。所以 dYdX 的目标客户主要是保证金交易商。并且,dYdX 的利息是可变的,用户在 dYdX 上贷款时没有锁定期或最长期限。

(2)稳定币模式。

这一模式的典型是 MakerDAO,没有贷方,只有借方,且唯一可借入的资产是 DAI。借款人通过抵押数字资产(现为 ETH)借入新创造的 DAI。DAI 是 MakerDAO 平台发行的、与美元挂钩的稳定币。质押资产和借款的质押比率必须保持在 150%以上,其利息是全球性的,由 MKR 持有者通过投票来决定。不过,它产生的利息并不稳定,曾在一个多月的时间里从 2.5%上升到 19.5%。

(3)流动池交易。

以 Compound 为例,借方和贷方通过流动性交易池进行交易,而不是与交易对手进行匹配。每个贷款和借款的利率由池子的流动性大小来确定,即随贷方提供的货币总数量和借方的需求总数量之间的比率而波动。Compound 不设置固定的贷款期限,贷款人可以把资金存入贷款池子持续赚取利息,并随时提取资产。自"3·12"黑天鹅事件之后,虽然行情逐步回暖,但是 BTC 却经历了两个多月的横盘期。这种大行情下,币圈用户在借贷平台理财的需求得到提升,借贷盘活了存量资金,还吸引了一定的外部资金。在保持稳定横盘的同时,DeFi 类的山寨币便开始了大胆拉盘。

NFT是非同化数字资产的代名词，简单来说就是，发行在区块链上的数字资产，可以是游戏道具、数字艺术品、门票等，具有唯一性和不可复制性。由于NFT具备天然的收藏属性和便于交易，加密艺术家可以利用NFT创作出独一无二的数字艺术品，区块链游戏也可以使用NFT打造出高价值的道具。目前，NFT市场正在逐渐形成一定规模。

NFT英文全称是Non-fungible token，翻译过来就是"不可替代的代币"，也就是业界俗称的非同质化代币。最常见的非同质化代币标准就是ERC-721，除此之外还有很多，下面将这些标准一一列举出来。

ERC-721：这是目前广泛使用的NFT代币标准，它是由2017年年底爆火的*CryptoKitties*游戏的CTO迪特、雪莉所创建和发展的。

ERC-1155：这个标准的创立者是Enjin首席技术官维泰克·拉多姆斯基，他把此代币标准提交到ETH的Github存储库并经历50多次的修改之后，ERC-1155最终成为正式的以太坊代币标准。

BCX-NHAS-1808：此代币标准是由Cocos-BCX提出并创立的。目前使用此代币标准的人数并不算多，但是它针对链游开发者提供了良好的辅佐作用。

还剩下一些非同质化代币标准，这里就不再赘述了。值得关注的是，NFT的代币标准基本全是从区块链游戏行业的开发团队所创建而来的，因此，即便如今的NFT包容性更强，能够容纳其他非链游的形式，如纯粹的NFT加密艺术品、某公司发行的NFT纪念品等，NFT的发展还是会和链游产生很大的交集。

#### 4. 纵横交错的发展之路

每一个新兴行业的发展，总会带动更多新事物的诞生，区块链行业就是如此。从 2009 年比特币诞生，到 2017 年区块链出现第一次热潮，经过十多年的发展，区块链细分领域不断拓展。其中，"区块链+游戏"这种创新模式，让人看到了很多机遇和希望。如今，NFT 的概念又从链游中剥离出来，与传统领域的艺术品、游戏资产等相结合，催生了一个新的市场。NFT 适合很多种类型的产品和行业，只要你想在区块链上拥有独一无二的资产，你就能触摸到 NFT 的实质。未来，NFT 可能还会和更多的行业相结合，创造出别具一格的表现形式和体验。

DCEP（数字人民币）是由中国人民银行发行，由指定运营机构参与运营并向公众兑换，以广义账户体系为基础，支持银行账户松耦合功能，与纸钞和硬币等价，并具有价值特征和法偿性的可控匿名的支付工具。

至于研究进展，顶层设计、标准制定、功能研发、联调测试等工作已经完成，自 2020 年 4 月开始内部封闭试点测试。

支付通过技术手段传输的是数字的东西而非纸面的货币，因此，电子支付本身也是有数字货币属性的。

### 8.4.3.3 基本理念

#### 1. 法定货币

DCEP 是具有国家信用背书、有法偿能力的法定货币。

与比特币等虚拟币相比，DCEP 是法币，与法定货币等值，其效力和安全性是最高的，而比特币是一种虚拟资产，没有任何价值基础，也不享受任何主权信用担保，无法保证价值稳定。这是央行数字货币与比特币等加密资产的根本区别。

### 2. 双层运营体系

DCEP 采取了双层运营体系，即中国人民银行不直接对公众发行和兑换央行数字货币，而是先把数字人民币兑换给指定的运营机构，比如商业银行或者其他商业机构，再由这些机构兑换给公众。运营机构需要向中国人民银行缴纳 100%准备金，这就是 1∶1 的兑换过程。

这种双层运营体系和纸钞发行基本一样，因此不会对现有金融体系产生很大影响，也不会影响实体经济或者干扰金融稳定。

### 3. 以广义账户体系为基础

在数字货币体系下，任何能够形成个人身份唯一标识的东西都可以成为账户。比如，车牌号就可以成为数字人民币的一个子钱包，人们可以在通过高速公路或者停车的时候用它完成支付。这就是广义账户体系的概念。

银行账户体系是非常严格的体系，一般需要提交很多文件和个人信息才能开通银行账户。

### 4. 支持银行账户松耦合

支持银行账户松耦合是指不需要银行账户就可以开立数字人民币钱包的情况。

一些农村地区或者偏远山区群众，以及来华境外旅游者等不能或者不便持有银行账户的人群，均可以通过数字钱包享受相应的金融服务，有助于实现普惠金融。

### 5. 其他个性设计

（1）双离线支付。像纸钞一样实现满足飞机、邮轮、地下停车场等网络信号不佳场所的电子支付需求，只要两个装有 DCEP 数字钱包的手机碰一碰，就能实现转账或支付功能。

（2）挂失功能。如果真的发生了盗用等情况，对于实名钱包，数字人民币可提供挂失功能，安全性更高。

（3）多终端选择。不愿意用或者没有能力用智能手机的用户，可以选择 IC 卡、功能机或者其他硬件设备。

（4）多信息强度。根据掌握客户信息的强度不同，把数字人民币钱包分成几个等级，如大额支付或转账必须通过信息强度高的实名钱包。

（5）点对点交付。通过数字货币智能合约的方式，可以实现定点到人交付。民生资金可以发放到群众的数字钱包上，从而杜绝虚报冒领、截留挪用的可能性。

（6）高可追溯性。在有权机关严格依照程序出具相应法律文书的情况下，进行相应的数据验证和交叉比对，为打击违法犯罪提供信息支持。腐败分子即使通过化整为零等手段，也难以逃避监管。

### 6. 期待作用

（1）避免纸钞和硬币的缺点，如印制发行成本高、携带不便、容易匿名（伪造），还存在被用于洗钱、恐怖活动的风险。

（2）满足人们一些正常的匿名支付需求，如小额支付。

（3）极大节约造币所需各项成本。

（4）疫情之下，减少货币交易中的病毒传播机会。

如今，支付宝、微信支付等已经成为一种公共产品或服务，一旦出现服务中断等极端情况，会对社会经济活动和群众生活产生非常大的影响。这就要求中国人民银行提供类似功能的工具和产品，作为相应公共产品的备份。

### 7. 相关报道

中国是最早研究数字货币的国家之一。2014年，时任央行行长周小川便提出构建数字货币的想法，央行也成立了全球最早从事法定数字货币研发的官方机构之一——央行数字货币研究所，开始研究法定数字货币。

2017年年底，经国务院批准，中国人民银行组织部分实力雄厚的商业银行和有关机构共同开展数字人民币体系的研发。

2019年10月28日，中国国际经济交流中心副理事长黄奇帆在首届外滩金融峰会上表示，中国央行推出的数字货币是基于区块链技术做出的全新加密电子货币体系，将采用双层运营体系，即中国人民银行先把DCEP兑换给银行或者其他金融机构，再由这些机构兑换给公众。

2019年11月13日，央行辟谣称，未发行法定数字货币，也未授权任何资产交易平台进行交易，法定数字货币目前仍处于研究测试过程中，网传法定数字货币推出时间均为不准确信息。

2019年11月28日，央行副行长范一飞出席"第八届中国支付清算论坛"时表示，央行法定数字货币基本完成顶层设计、标准制定、功能研发、联调测试等工作，下一步将合理选择试点验证地区、场景和服务范围，稳妥推进数字化形态法定货币出台应用。

2020年4月16日，数位银行业内人士表示，数字货币由央行牵头进行，各家银行内部正在就落地场景等进行测试，如内部员工用其交纳党费等支付场景。

2020年4月17日晚间，央行表示，网传DC/EP信息为测试内容，并不意味数字人民币落地发行。数字人民币研发工作正稳妥推进，数字人民币体系在坚持双层运营、M0替代、可控匿名的前提下，基本完成顶层设计、标准制定、功能研发、联调测试等工作，并遵循稳步、安全、可控、创新、实用原则，先行在深圳、苏州、雄安、成都及冬奥场景进行内部封闭试点测试，以不断优化和完善功能。数字人民币封闭测试不会影响上市机构商业运行，也不会对测试环境之外的人民币发行流通体系、金融市场和社会经济带来影响。

2020年5月26日，央行行长易纲在"两会"期间表示，目前的试点测试是研发过程中的常规性工作，并不意味着数字人民币正式落地发行，尚未确定正式推出的时间表。内部封闭试点测试的目的是检验其理论可靠性、系统稳定性、功能可用性、流程便捷性、场景适用性和风险可控性。易纲指出，法定数字货币有利于高效地满足公众在数字经济条件下对法定货币的需求，提高零售支付的便捷性、安全性和防伪水平。

2020 年 8 月 14 日，商务部网站刊发《商务部关于印发全面深化服务贸易创新发展试点总体方案的通知》，明确将在京津冀、长三角、粤港澳大湾区及中西部具备条件的试点地区开展数字人民币试点工作。

《全面深化服务贸易创新发展试点总体方案》中提出：在京津冀、长三角、粤港澳大湾区及中西部具备条件的试点地区开展数字人民币试点。由中国人民银行制定政策保障措施，先由深圳、成都、苏州、雄安新区等地及未来冬奥场景相关部门协助推进，后续视情况扩大到其他地区。

全面深化试点地区为北京、天津、上海、重庆（涪陵区等 21 个市辖区）、海南、大连、厦门、青岛、深圳、石家庄、长春、哈尔滨、南京、杭州、合肥、济南、武汉、广州、成都、贵阳、昆明、西安、乌鲁木齐、苏州、威海和河北雄安新区、贵州贵安新区、陕西西咸新区等 28 个省市（区域）。

### 8. 重要意义

DC/EP 的意义在于它不是现有货币的数字化，而是对 M0 的替代。它使得交易环节对账户的依赖程度大为降低，这有利于人民币的流通和国际化。同时，DC/EP 可以实现货币制造、记账、流动等数据的实时采集，为货币的投放、货币政策的制定与实施提供有益的参考。

# 第三篇

# 星火燎原

## 实践与探索

## 第 9 章
# 融入数字化社会治理中的区块链

新时代需要新的社会治理模式,数字化发展引发了治理模式的改革,改革又加速推动了数字化社会形态的发展。依照学界传统定义,社会治理是指政府、社会组织、企事业单位、社区及个人等多种主体通过平等的合作、对话、协商、沟通等方式,依法对社会事务、社会组织和社会生活进行引导和规范,最终实现公共利益最大化的过程。简而言之,社会治理就是围绕公共利益最大化,科学有序地处理好政府与个体之间关系的问题。

马克思主义政治经济学告诉我们,生产力决定生产关系,由于社会治理模式与生产力有极强的匹配关系,从历史发展来看,不同生产力和经济生活水平,必然匹配相应的社会治理模式,如小农经济匹配国王治理模式,商业经济匹配民主互动治理模式,等等。近代以来,社会治理模式也经历了从"无为而治""政府中立"到"有为政府"的逐步转换,也是对社会生产力不断发展的优化匹配。

近年来,随着信息技术的高速发展,以大数据、云计算、物联网、人工智能、区块链为代表的新技术应用,在经济和社会生活中发挥着越来越重要的作用。"人人皆可数字化,事事皆能数字化"的愿景正在变为现实,不知不觉中,一个平行于我们物理世界的数字世界已经产生并快速壮大。新技术的"快速、高效、精准"等特点在深刻影响社会经济生活的同时,也在倒逼社会治理方式的更迭,以致实现"整体智治"、建立"数字政府"的需求应运而生。

区块链作为一项极具特色的新技术,以其专注于信任、影响及生产关系等特质,在整个社会治理体系改革中发挥着独到的作用。首先,区块链上链数据"不可篡改"属性,以及分布式存贮机制的巧妙组合,在促进政务数据可信交流、形成广域业务协同、穿透行政监管等方面具有巨大的革新优势。其次,区块链所引申出的"可信隐私计算"技术,在数据作为生产要素的当下,对数据确权、交易,以及权利人隐私保护和数据安全防护,具有极大的现实价值,特别是在政府数据开放、共享、使用中,已经越来越体现出其核心价值。最后,区块链的"智能合约"机制,在很多预设规则、规则明确的行政执行领域也有很大的发展空间,如有期限的电子经营拍照,到期自动失效,对于节约行政资源、实现精准管理有奇效。中央政治局第十八次集体学习明确了"要发挥区块链在促进数据共享、优化业务流程、降低运营成本、提升协同效率、建设可信体系等方面的作用",为区块链的发展指明了方向。

从宏观效用来看，区块链的主要作用体现在三个方面。一是区块链技术可以进一步优化生产关系，继而推动生产力。区块链技术所固有的去中心化、不可篡改、时间戳、高精度奖励机制等核心元素，以及其所引申出的分布式数据存储、技术信任、证据效力及全社会协作新模式等，将会对现有社会结构和运行规律产生重大影响。二是区块链技术可以直接提升政府服务效能和降低管理成本。区块链技术本质上是以牺牲效率的方式实现公正的，这与政府的目标不谋而合。另外，从技术角度看，区块链的新数据共享技术、技术公信力、分布式存储方式，都是从公平公正的角度来改进政府行为的。传统的信息化仅仅局限于"办公自动化"，把线下的行为照搬到网络上，而区块链技术是用一种新的数字化思维去重构和优化管理模式。三是区块链技术应用到数据领域可以抢夺数字经济发展高地。在新的数字经济领域，如何抢占发展制高点，如何赢得发展先机，数据这一生产要素至关重要，我国也已经明确将数据纳入生产要素进行管理。区块链技术所特有的数据确权、数据有价流转、数据有序安全流转等要素，突破了原有的数据流转模式，原有的数据流转要么是无价拷贝，要么是无限集中垄断，都不利于数据的有效流转，只有结合区块链、大数据等技术，才能更快更高效地形成数据产生、确权、流转等全生命周期管理，让数据要素真正成为数字经济时代"活"的生产要素。

当然，更加要重视的是，区块链在实践中，更多是与其他物联网、大数据、云计算、人工智能等技术进行有序巧妙的融合，物联网注重于信息的广泛真实采集，云计算解决了海量数据的低成本存储问题，大数据和人工智能解决了数据的应用价值问题，区块链在所有范畴内重点解决了信息数据的可信流转，多种新技术结合不同场景的有效搭配才能产生最大社会效用。

## 9.1 整体化智治

### 9.1.1 区块链+大数据助力区域综合治理"一屏掌控"

在数字社会，数据是核心要素，只有掌握了数据，才能把握当下，掌控未来。近年来，围绕解决政府信息获取能力提升问题，各省市加大了社会数据的归集力度，在体制上设置了大数据局等数据集中化机构。在技术上，各地也重点开展区域数据中枢平台建设，主要是通过行政强制力的方式，将原来散落于各部门、各单位的各类数据，特别是流数据，通过专线打通、数据拷贝等方式进行汇集，形成区域数据中心。

从效能上说，在区域数据中枢平台建设运行中，大数据和物联网技术主要解决了信息大量汇集的问题，更加专注于"让数据入库"，这是数据管理的前半场。区块链技术则更加关注整个系统数据的"可信""可用"问题，关注数据生产要素的后半场，在中枢数据平台加入区块链要素后，相当于给整个区域所有部门、单位数据流加上一个可信的基座，保证全域数据的"可信"流转，这种"可信数据"在不同部门、领域的流转，对于形成部门协作、穿透监管、节约成本等，起到釜底抽薪的作用。同时，为未来区域数据与域外数据的可信交流预留了想象空间。

**案例：杭州市某区区块链数据中枢平台**

该区数据管理局数据中枢平台项目以"全方位深化政府数字化

转型""释放数据红利"为目标，按照"统一规范、数据共享、安全高效、应用创新"的原则，围绕当前地方政府数据和私域数据在数据归集、开放共享和安全中存在的问题，基于多方数据源和"1+1"基础架构，搭建"四大基础体系"，利用大数据、区块链等新一代创新技术，最终建设数据全面、标准规范、安全可靠的数据资源综合体。

### 1. 全面整合区政务数据集

按照"无条件归集、有条件使用"的原则和标准规范要求，完成区直部门单位数据汇聚，初步建成区级数据库，实现全区数据跨层级、跨区域、跨部门、跨系统、跨业务的数据汇集；加强与省市对接，强化数据服务支撑功能，形成全区数据存储、交换、共享使用的核心枢纽，为政务数据的共享打下基础。

### 2. 建立政务数据可用不可见交换体系

在隐私数据方面，由于数据的特性，那些不能实现标准的数据交换过程，可依托可信数据交换的技术支撑，实现隐私数据在私有域的计算，实现数据可用不可见，在行政服务保障的前提下，可以有效提升数据共享的质量。

### 3. 建立全区标准的数据体系

通过建设全区数据标准体系，确保新的项目在建设初期符合全区的数据建设规范，数据的交换过程符合数据交换标准，推进老旧系统和应用纳入标准的数据体系，实现数据从建设期到交换共享期的标准化过程。

### 4. 为数字化社会建设提供基础服务

通过数据中枢平台的社会资源接入（见图9-1），汇集政务私域数据、公开数据、企业私域数据、省市公开数据、省市共享数据，为政府单位和企业提供混合的、分层级权限的数据信息，为全区产业招引、经济发展、企业服务、社会治理提供更为科学的决策服务；为企业提供政策落实、融资、管理、发展等方面的帮助，降本增效；形成数字经济新模式，打造全区经济圈，带来人才引进、经济发展等方面的提升。

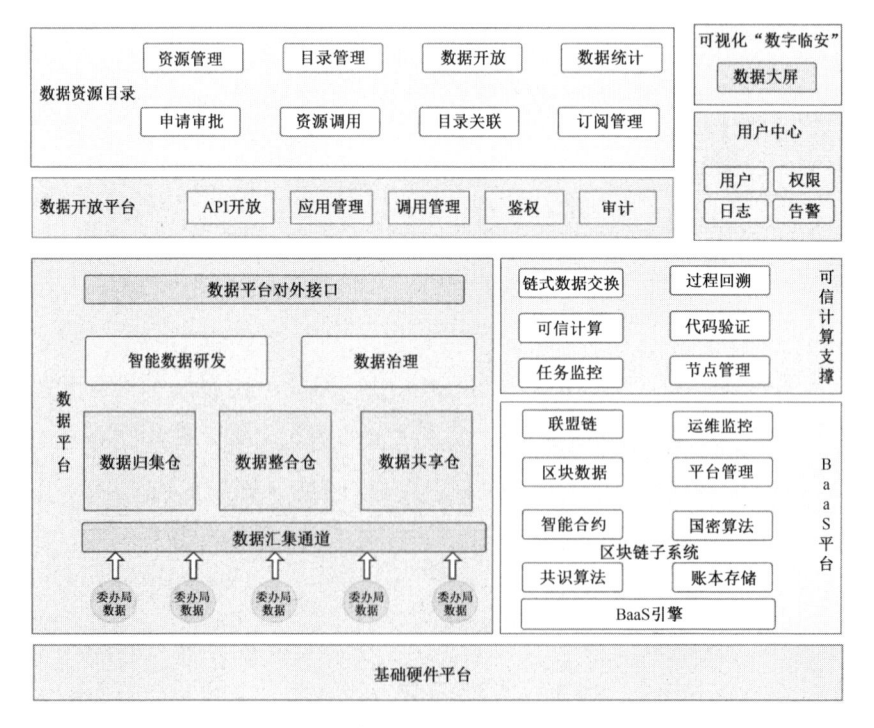

图9-1 数据中枢平台的基础服务

基于区块链的政务大数据交换平台，围绕当前地方政府数据和私域数据在数据归集、开放共享和数据安全中存在的问题，依托先进的"混合云+混合链"技术，建成涵盖政务公共数据和社会私域数据的数据平台底座，全面归集政府各部门的业务数据，为城市管理、能源配置、人口管理、民生服务等领域部门场景应用开发提供有效数据资源支撑，推进政务数据和社会数据的开放共享、互联互通，培育数字经济新产业、新业态和新模式。该数据交换平台在拓展方向上，以全面助力政府数字化改革为目标，按照"统一规范、数据共享、安全可信、应用创新"的原则，破解数据汇聚、共享、协同、应用不足等问题，为浙江省"四横四纵两端"的建设目标贡献力量。

## 9.1.2　区块链赋能党建组织管理

**案例：上城区组织部公务员绩效管理**

国家税务总局广州市黄埔区（广州开发区）税务局联合税务所（以下简称联合所）是"一城一岛"的主管税务机关。借鉴全区区块链产业优势，联合所党支部大胆创新，率先把区块链的理念运用到党建工作中，为将来构建区块链党建平台提供了有益探索。

所谓"党建+区块链"，就是紧抓党建数据链条上的"关键节点"，由联合所支部与负责各园区运营管理的企业支部（以下简称园区支部）建立结对关系，以提升组织力为依托，持续共享党建信息，辐射园区内其他企业的党支部（以下简称企业支部），最终在"一城一岛"的税企之间形成 1 个中心 3 个步骤，形成以数据支撑为中心，点辐射、线延伸、块联动的"1+3"党建工作格局。

一个支撑分布式数据集成联合所引入区块链数据分布式存储思路，利用税务信息系统、工商共享数据、街道信息平台，形成多节点数据库，实现区域内企业及党组织信息分布式数据存储、多渠道信息抓取及对碰，以提高辖区企业信息提取的准确性。

据统计，联合所管辖的"一城一岛"共分布33个园区（含企业孵化器、众创空间等），共有高新技术企业867个、中小科技型企业1027个、生物制药企业约200个，规模较大的党组织约有100多个。

联合所参照区块链点对点直接传输的特性，以统筹串联园区内企业的园区支部为切入点，主动与其建立起点对点党建共建机制，形成常态化党建信息传输线条。

联合所组织结对的支部党员共同开展集中学习、共同上党课，促使双方党员在学习交流中不断强化党员身份意识，激发干事创业活力。该所全体党员与共建支部建立一对多的党务信息服务机制，共享支部班子建设、运行机制等方面先进党务工作经验。共建支部互签《税收政策服务进产业园区合作备忘录》，在结对共建中把握园区政策辅导需求，由税务机关党员助企团为园区企业提供全方位税收政策服务。

联合所引入区块链信息同步共享机制，充分发挥园区支部"关键节点"的辐射效应，将党建信息传输模式从点延伸到企业支部，形成党建"区块链"，汇聚党建工作合力。由联合所支部牵头定期组织协商税企党建共建计划，在组织"党员政治生日""党旗下的承诺""问需求、优服务、促改革"等特色主题党日活动时，邀请辖区企业支部按需自愿报名参加。在园区党建信息共享平台，建立税务部门、园区、企业"三方党建共建"微信群，既交流党务工作心得、分享党务学习资料，也解答纳税人的政策咨询和税务疑难问题。在此基础上，三方协商形成共识，把服务区域经济发展作为党建共建的重点，通过党建"搭台"，实现服务"唱戏"。

联合所通过推广点辐射、线延伸的党建共建模式至辖区内 33 个园区，纵向到底、横向到边，条块联动，汇聚党建力量，发挥党建统领作用，服务"一城一岛"经济发展，纵向增强党建助推经济发展成效。此外，联合所还利用党内组织生活开展分行业税收政策、税收服务专题调研会，为加强和改进税收工作提供重要依据。联合所横向推动党建服务社会发展成效，共建支部定期开展"一助一"志愿服务，为辖区内困难家庭送温暖，形成区域内党员志愿服务机制，树立税企良好社会形象。

在"区块链党建工作法"的带动下，截至 2019 年 10 月，广州科学城和广州国际生物岛区域内 83 个党支部加入共建网络，"一城一岛"区域内纳税人满意度和遵从度不断提升，营商环境持续优化，园区内企业数量逐年增长，收入规模不断扩大。

### 9.1.3　生态环境

区块链记录了交易数据的区块以时间顺序相连组合而成的链式结构，其本质上是一个去中心化的分布式数据库，借助于非对称加密、默克尔树等技术，保证信息不会因外部攻击而篡改，从而保障数据的安全。

借助区块链分布式记账、非对称交易、共识机制、智能合约等技术特性，可以将碳排放权认证、额度计量、预警、处罚等环节连接为一个有机的整体，让交易和流程更透明，助力碳交易市场更好发展。

一是实现智能交易，建立可信环境。利用区块链技术将碳资产的开发、交易、配额拍卖等流程及超标的惩罚机制等规则，编译成智能合约自动运行，实现交易、统计、处罚的智能化。通过非对称密钥算法保证交易真实有效，时间戳结构保证数据的可追溯性，同时公示配额等数据信息，方便市场参与者和监管者进行查询检验，大大提升了信息透明度、可信度，简化了交易流程，在机制上实现了可信任与自组织。

区块链技术赋能碳交易平台后，利用其分布式账本技术，交易数据以"链"的形式分散保存到多个节点中，数据由集体共同维护，不受某个中心化节点的限制，可以在权限许可范围内任意查询企业的碳排放数据和历史交易信息，有效提高交易过程中数据的透明度，了解每个单位的碳排放权的来源及对交易路径有效追根溯源，有力解决参与各方信息不对等的难题。

二是实现模式革命，不断提质增效。碳排放权交易由于涉及多个市场主体共同参与交易过程，企业间还要对交易数量、金额等反复协商，交易通常伴随着较高的成本，影响交易效率。

基于区块链技术，可以将各交易方账户直接相连，省去银行、金融等中介机构的参与，实现模式革命，节省大笔费用，极大地提高碳交易链条的整体效率，同时实现结算速度的快速提升。

三是实现瓶颈突破，助力行业创新。利用区块链技术平台将互相独立的金融、中介机构及相关的碳金融衍生品串联在一起，刺激碳金融产品的创新，加速构建完整的碳交易生态系统并产生规模效应，带动行业不断创新突破。

同时，区块链技术的不断精进，将有助于开拓以个人为基础的碳交易市场的发展，并产生规模效应，从而有助于建立市场和减排的多赢方案。

四是实现精准监管，推动市场良性发展。碳排放交易不仅涉及交易过程，也涵盖了企业排污监管等工作。目前，区块链技术在企业排放监管环节也展开了初步探索。环保主管部门可以通过数据链条获取具体企业的排放额度情况，并根据实际情况对企业进行精准监控。

在这个过程中，可以用区块链叠加大数据、物联网等技术对监管数据进行汇总分析，第一时间发现企业违法排污行为并触发预警机制，及时通知相关责任人，实现最佳的碳排放监管效果，防止企业作弊。

### 9.1.4　疫情防控

**案例：健康码项目及抗疫物资流转平台**

2020年，疫情席卷全球，中国开展了一场抗击疫情的阻击战。为确保物资捐赠信息公开透明、全程可追溯，数秦科技保全网团队开发上线了"保全网溯源小程序"，如图 9-2 所示，这个小程序将区块链技术融入捐助过程中。所有捐赠信息将脱敏加密、全程上链，对捐助者的保全证书及捐赠流程进行公示，接受所有人的监督，让爱心"透明可见"。所有参与人的奉献如同涓涓细流一般汇聚成溪，助力全国共抗疫情。越是在困难时期，企业越要更多地承担社会责任。疫情发生以来，数秦科技持续在线为抗击疫情提供全面服务。

图 9-2　融入区块链技术的"保全网溯源小程序"

作为一家区块链企业，数秦科技努力推动这项技术在建立可信社会领域的应用。针对物资紧缺与慈善捐助过程中存在的信任难题，区块链及时发挥了积极作用。在"战疫"过程中，数秦科技保全网团队基于保全网现有功能，对产品进行了快速迭代升级，短短 48 小时就完成了物资捐助溯源平台的原型设计，并为疫情中慈善捐赠提供全流程上链解决方案。通过溯源平台，全流程证据的不可篡改记录，以及接受全链路参与方的监督，重塑了慈善信息的披露机制，有效打破了公益中的"黑匣子"。

## 9.1.5 基层精准治理

**案例：未来社区项目**

区块链不仅是一种技术，还代表了一种思维模式。这种区块链思维模式，以其共识、共赢、共享、共治的特点，在支持乡村治理中发挥出其独特的适配性与创新性。区块链思维模式支持以人民为中心，充分发挥每个人的主体意识，在切身利益驱动下遵循共识机制，同时突出每个人的独特性，为整个系统贡献力量，以最终实现一种全新的乡村自治为目标。

正如人工智能技术的热潮在一定程度上促进了整个计算机技术的广泛应用一样，区块链技术的热潮也将促进整个网络空间安全技术体系的更广泛应用，助推在各个应用场景中构建更加公开、公正、透明的生态环境。浙江省杭州市萧山区"映山红"项目从"区块链+乡村治理"的角度，用联盟链技术明确众多参与方的参与方式、回馈机制等，实现了"专业的人做专业的事"的目标，并高效协作，促进基于信用体系的乡村治理和产业发展双螺旋演进，将实现可持续治理与高质量发展的和谐统一。

"区块链"种进菜地，一场"土地革命"在大石盖村拉开序幕。通过整理违章辅房和自留地，200亩分散在房前屋后的菜地由村里统一架设了灌溉系统，参与项目的村民可按人头免费认领一块土地。为了种出"老百姓自己吃的标准"，这里每季种什么菜都由平台统一规划，施肥打药也要经过农技师现场查看，最后每户出产的菜由村里统一制作成净菜出售，这些流程都被记录在区块链后台系统中。

"映山红"项目基于区块链、大数据等信息技术的架构，结合乡村治理规则创新，使得制度得以固化。其中，政府、服务中心、村民、供应商、消费者等角色各司其职，各自利益诉求得以充分保障。"映山红"项目的戴村实验是乡村治理模式的重大创新，已具备规模化推广的社会效益和商业价值。

## 9.2 数字化服务

### 9.2.1 让政务数据真正用起来

**案例：浙江金控数据交易平台**

浙江省具备全国领先的数据归集与治理基础，在数字化改革推动下，以省大数据局牵头更进一步地加强基础域建设、实现全邻域数据高质量供给，加强共享域建设、支撑重大改革应用，加强开放域建设、推动公共数据和社会数据融合应用，形成数据开放创新生态体系。

浙江金控具备多金融业态及金融机构协同的能力。金融领域具备数据要素的天然属性，并拥有数据要素交易最广泛的应用场景。在金融业务实践中，数据要素及数据能力具有众多应用场景，对产业服务、金融业务等起到重要作用。同时，浙江金控承载着服务于省委省政府重大战略部署和全省实体经济高质量发展的重任，肩负着连接有效市场和有为政府的有力结合点的重任，需提升服务能级、创新服务方式。

浙江金控试点建设的产、投、融一体化大数据平台和数据要素交易市场，旨在促进公共数据和社会数据融合，提供高质量、安全可信的数据及数字化服务。一是通过数据融合形成数据能力，为一般企业提供融资、引流获客、数据增值等服务；二是通过精准数据及有效模型为金融及类金融机构提供营销、风控及管理等服务；三是通过数据分析、回流及智能模型为政府职能部门提供决策制定、调控及监督管理等服务；四是充分激发全社会对于高质量数据及数字化服务的创新应用，重塑业务模式、提高生产力，全面推动数字经济发展。

扎根浙江以"数字浙金"规划的顺利推进和深化应用为核心使命，完成数据底座和数据中台的基础设施建设，为浙江金控下属各机构、企业及省属各国有企业的数字化转型提供"大数据+区块链+人工智能"的技术嫁接服务，确保数据资源的高效利用与循环，赋能实体经济，为浙江数字经济建设提供新引擎（见图9-3）。

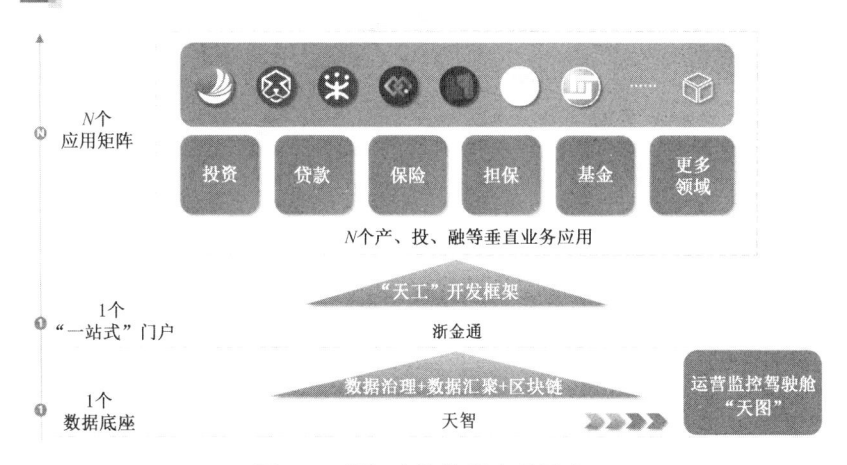

图 9-3 浙江金控数据交易平台

天枢数链聚焦金融科技背景，综合运用大数据、区块链等先进技术的数字化平台建设，是浙江金控数据纽带的重要组成部分。如

图 9-4 所示是公司基于浙江省数字化改革"1+5+2"架构规划提出"1+1+N"整体解决方案,通过 1 个开放式平台、1 个"一站式"门户及 N 个应用矩阵,由数据驱动、聚链成网,加速赋能产业数字化转型,全面助力浙江数字化改革。

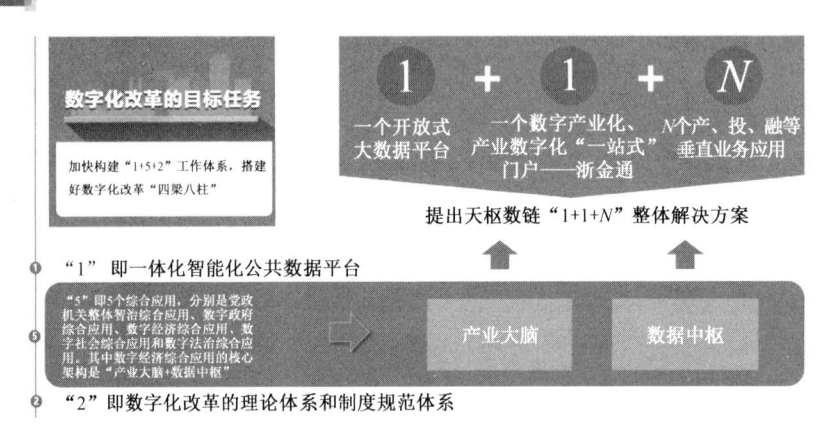

图 9-4　天枢数链"1+1+N"整体解决方案

天枢数链(浙江)科技有限公司是由浙江省金融控股有限公司牵头,联合数秦科技、浙江沣华投资管理有限公司共同成立的。公司致力于建设省级数字经济基础设施,打造全省产、投、融一体化大数据平台,推动数据要素市场建设,加强垂直应用平台协同创新。

### 9.2.2　老百姓办事零次跑

临安区零跑综合服务平台用信息化手段打造网上司法服务系统,实现存证服务、证据管理、法院处理等环节线下线上全流程贯通,大幅提高司法透明度。通过区块链实现数据的可信存储,结合基于数据多级加密和多维权限控制技术,解决电子数据易伪造、易篡改、难溯源、难校验的问题，联合共建司法保障数字经济支撑体系。运用大数据、区块链、云计算技术，将传统产业和传统公证服务进行数字化赋能，创新服务手段和服务内容，更好地发挥公证在新经济、新形势下社会多元化治理中的职能作用。所有线上线下电子数据均由公证处实施取证进行全程记录，提高了证据全流程法律效力和合规性。在后续发生矛盾、纠纷时，先由公证处组织力量，邀请专业律师加入进行线上线下调解。在调解不成时，可将存储于公证处的电子证据推送法院，为审判、执行工作提供快捷有效的电子证据，推动微法院与司法辅助工作有机结合。

临安区零跑综合服务平台总体框架的建设基本遵循了《国家电子政务总体框架》，将服务与应用系统、信息资源、基础设施作为一个整体基础设施，使信息资源共享、开放、融合进入具体的可操作阶段。另外，平台还对信息资源服务和应用方向、信息资源采集和更新、信息资源公开和共享、基础信息资源建设提出了具体要求，这将有力推动临安区数信零跑综合服务平台的建设。平台项目由四部分组成：业务应用平台、数据中枢平台（临安区数据资源管理局）、数字公证服务平台及"混合云+混合链"底层平台，基于"混合云+混合链"提供底层技术支持，为数字公证相关的存证、证据管理、调解处理、法院处理提供技术支持，通过区对接区数据中枢平台、区法院系统和公证处系统，实现数据的多维度、全方位融合应用，深入挖掘数据价值，释放数据红利，实现服务水平的综合性提升。

临安区数信零跑综合服务平台主要由业务应用平台、数据中枢平台、数字公证服务平台及"混合云+混合链"组成（见图9-5），本次建设主要为数字公证服务平台和"混合云+混合链"，建设内容

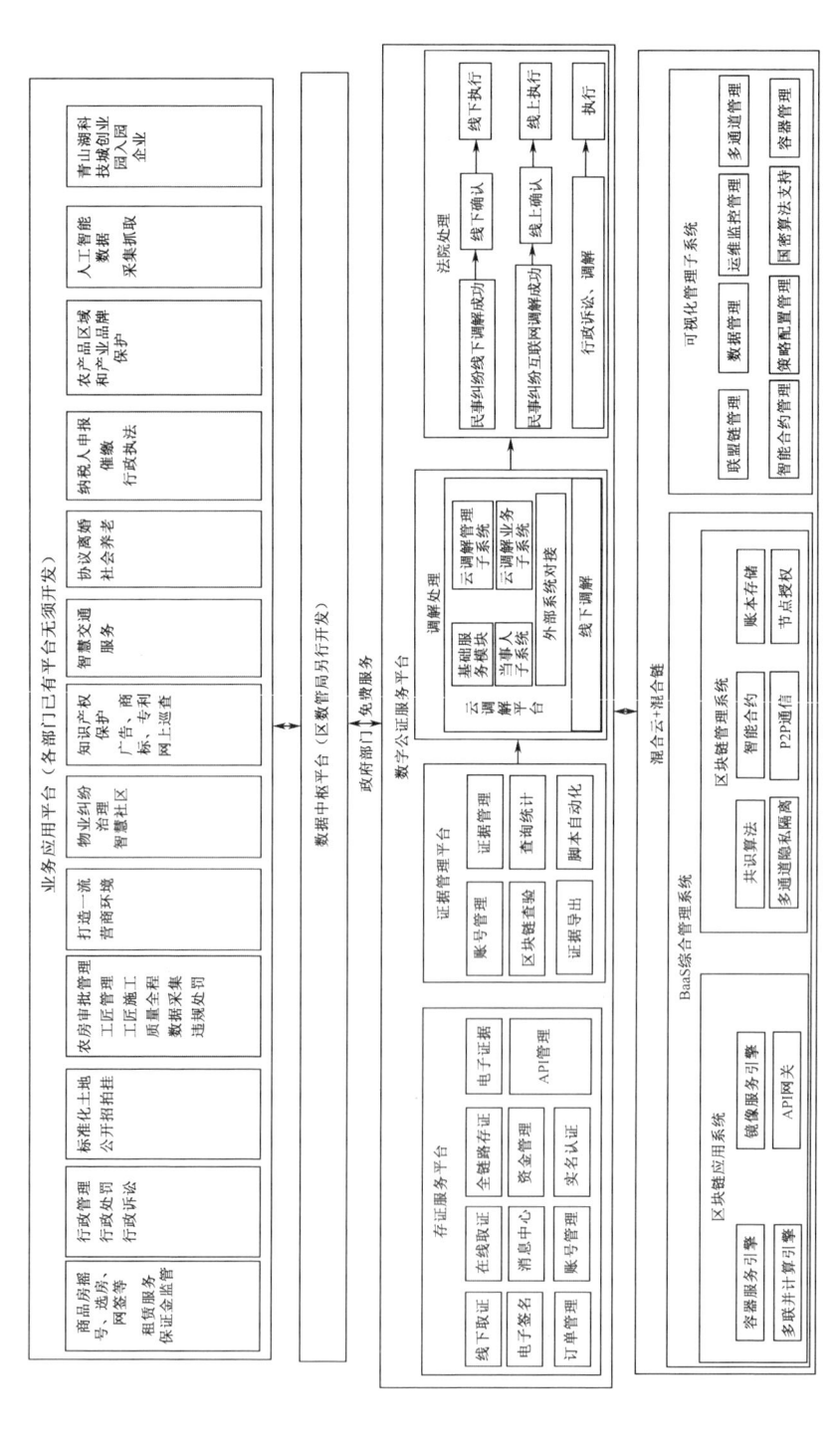

图 9-5 临安区数信零跑综合服务平台的主要构成

包括标准规范建设、存证服务平台、证据管理平台、BaaS 综合管理系统、可视化管理子系统建设及相关数据接口建设,为平台做好底层服务信息化建设。

## 9.2.3　技术推进政务监管一体化

**案例:政法一体化办案证据系统**

浦东新区政务区块链监管服务平台(简称链管平台),以底层信创链和开放链底层服务为基础,实现区块链平台统一规划、集约建设、安全可靠、开放对接,并与浦东新区云管平台、数管平台、网管平台、安管平台五位一体,达成紧密配合,为各大平台和政务应用赋能,构建数字服务生态。

浦东新区链管平台总体架构包括基础设施服务、政务区块链监管服务平台和政务区块链应用三层(见图9-6)。

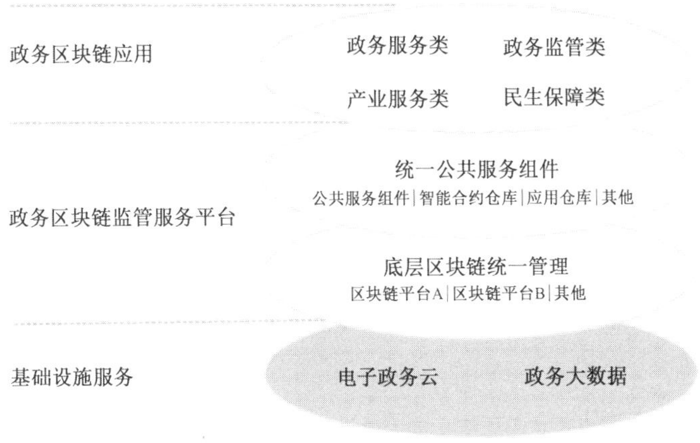

| 政务区块链应用 | 政务服务类　政务监管类<br>产业服务类　民生保障类 |
| --- | --- |
| 政务区块链监管服务平台 | 统一公共服务组件<br>公共服务组件\|智能合约仓库\|应用仓库\|其他<br>底层区块链统一管理<br>区块链平台A\|区块链平台B\|其他 |
| 基础设施服务 | 电子政务云　　政务大数据 |

图 9-6　浦东新区链管平台总体架构

基础设施服务为链管平台和政务区块链应用提供计算、存储、网络资源等技术支撑，包括电子政务云和政务大数据。政务区块链基础设施选择国内自主研发、符合国家电子政务信创相关要求的关键技术和核心器件，如软件、硬件服务器、一体化软硬件服务器、定制化可信芯片等。

政务区块链监管服务平台采用开放的区块链标准接口，纳管不同的底层信创链、开放链及平台资源，提供统一公共服务组件和底层区块链统一管理功能，管理底层其他区块链产品之间的跨链交互及数据交换。链管平台通过公共服务组件解决区块链应用建设的统一身份、认证等问题，通过智能合约仓库和应用仓库及配套的管理机制建立丰富的区块链应用生态。

政务区块链监管服务平台是多方参与、分布式部署、灵活接入的共性基础平台。政务区块链应用是根据政务业务需求构建的链上应用，按政务场景可分为政务服务类、政务监管类、民生保障类、产业服务类。

浦东新区链管平台通过对区块链技术创新应用和统筹管理，协助建立政府部门、公共事业部门及企业之间的信任机制，促进多方达成共识，推动高效协作，优化城市治理。同时还利用区块链共识机制和分布式数据结构，确保数据不被篡改。当任意节点发现链上存在的不合理问题时，都可随时随地通过区块数据和时间逐一查证，实现事件追踪的可追溯性。因此，这一技术可广泛应用于政府重大工程监管、食品药品防伪溯源、电子票据、审计、公益服务事业等领域。

浦东新区链管平台为政务区块链应用场景提供统筹设计、统一标准，实现部门互信、数据共治、服务共享，统筹建设安全、可靠、高效的区块链基础设施平台。底层实现软硬件共享共治，纵向实现信息透明，横向实现数据互联，降低政务区块链应用建设、管理和维护成本，提升政务业务协同水平、监管能力、服务体验，加快数字政府建设。

## 9.2.4 区块链赋能精准扶贫

区块链以其去中心化、开放性、不可篡改性、匿名性、自治性、可追溯性等特质，有效提高复杂环境下的精准度，提高精准扶贫工作的"靶向性"，从理念和技术上为精准扶贫提供坚实支撑。

### 1. 助力扶贫对象的精准识别

精准扶贫的首要任务是精准识别扶贫对象，把真正的贫困人口识别出来，精准掌握贫困人口的贫困程度、致贫原因，解决好"扶持谁"的问题。

区块链与大数据的结合可以有效防范、解决扶贫对象不精准的问题，通过多方参与提高监管透明度，降低人为操控评估的可能性。通过大数据建模分析贫困户多维度的行为数据，精准筛选贫困户，将分析结果上链。

通过区块链不可篡改特性保证了贫困户数据真实可靠；通过区块链的透明公开特性，保证群众可以参与到贫困户的认证与监督中，将贫困户的识别权交给群众，贫困户的认定做到透明公开与相对公平；通过区块链分布式存储及数据一致性等特性，保证了区块链节点可以实时地进行数据共享，当贫困户数据发生变动时，扶贫机构和扶贫单位可以及时获取，从而进行相应的政策调整。通过区块链技术，扶贫机构和扶贫单位可精准识别扶贫对象。

### 2. 助力帮扶项目的精准安排

精准扶贫的切入点是项目安排精准。根据贫困户和贫困人口的实际情况和需求，在找准致贫原因的基础上进行有针对性的项目安排，精准实施"公司—合作社—贫困户"模式工程，解决好"怎么扶"的问题。

根据全国建档立卡数据分析，42.1%的贫困农户因病致贫，35.5%的贫困农户因缺资金致贫，22.4%的贫困农户因缺技术致贫，16.8%的贫困农户因劳力缺乏致贫。可见，患疾病、缺资金、缺技术、缺劳力是当前主要的致贫原因，并且多数贫困户的致贫原因是几个致贫因素综合作用的结果。

因此，帮扶项目在实施过程中需要对贫困数据进行关联分析，深入总结贫困户的致贫原因，准确了解贫困户扶贫需求，确定相应的帮扶手段，引导资源有效配置。

区块链通过智能合约限定扶贫项目的扶贫对象，保证扶贫项目有较强的针对性。贫困户将自己的需求上链，记录到智能合约，并由智能合约匹配合适的扶贫项目，保证贫困户匹配到适合的帮扶项目，不仅避免了暗箱操作，还做到了贫困户与帮扶项目的精确匹配。

区块链的可追溯机制可以实时记录扶贫数据，从而在整个精准扶贫链条上形成完整的信息流，确保精准扶贫中相关工作人员能够及时做好有针对性的防范工作，降低返贫率，提高项目帮扶的精准性。

### 3. 助力扶贫资金的精准使用

精准扶贫的关键点是资金使用精准。资金使用精准就是要保证到户项目有资金支持，资金跟着精准扶贫项目走。地方政府在扶贫资金的使用上拥有一定的自主权，但由于缺乏全程监管技术手段，在扶贫资金使用过程中可能出现优亲厚友，甚至套取、侵占和挪用扶贫资金等违法违规的行为。对扶贫资金的使用亟须引入监督管理机制，全面进行检查、评估和考核，保证财政专项扶贫资金在阳光下运用。

在扶贫过程中，将实体资产转化为数字资产上链，由区块链智能合约控制资产的所有权转移，同时将资产所有权转移时涉及的资金流转信息同步记录到区块链。政府部门、扶贫单位、贫困村社、监管机构、金融机构均作为区块链上的节点，参与到智能合约的执行流程中。监管机构可以实时监管实体资产及扶贫资金的流转过程，降低了监管难度；金融机构可以实时获取资金流向，降低了对账难度。

区块链的共识监管机制、可追溯机制能有效实现扶贫资金使用的公开化和透明化，有助于匹配帮扶项目和帮扶资金，实现扶贫资金流动的全程追踪管理。精准扶贫的相关参与方可通过分布式的数据网络查看扶贫资金的使用明细，在高度透明的账本中，一切行为操作都将被置于多方的监管之下，让贪腐行为无处匿藏，提高资金使用的精准性。

### 4. 助力扶贫措施的精准落实

精准扶贫的着眼点是措施到户精准。措施到户精准是解决扶贫项目到不了户或到户效率差的问题。为促进扶贫措施的有效落实，需要对建档立卡的贫困户采取差异化补贴、降低搬迁成本、增加信用贷款等措施。

区块链可以通过扶贫单位和政府部门为贫困户背书，构建贫困户与金融机构的信任关系，降低贫困户获取金融信贷的复杂度，使贫困户即使不具备抵押资产也可以获取起始资金。

区块链具备去中心化、构建信任关系的特性，能改善以往金融资源配置效率低下、扶贫进度滞后的状况，提高贫困户获取金融服务的能力，实现与贫困户的扶贫需求有效对接，进一步细化措施到户机制。

### 5. 助力驻村干部的精准选派

精准扶贫的支撑点是驻村派人精准。选派驻村干部主要是为了在较短时间内提高贫困村的管理水平，增强村级开展精准扶贫的能力。由于贫困村的致贫因素和精准帮扶机制存在差异，同时上下级政府之间缺少长期有效的沟通机制，扶贫信息及经验成果无法转化为脱贫资源，以致无法向贫困村精准选派合适的驻村干部。另外，扶贫工作者缺少对贫困人口的致贫原因、帮扶项目、实施流程及成效反馈的动态归纳，难以全面地从整体上考察致贫原因与脱贫需求之间的普遍规律和特殊矛盾。

将驻村干部的工作经历、专业特长等记录在区块链上，结合贫困村的实际情况和记录在链的贫困数据，有助于细化选派驻村干部的帮扶机制，提高驻村派人的精准性。区块链的可追溯机制、防篡改机制能保证数据的完整性，确保驻村干部与贫困村的数据真实性。

扶贫对象可对驻村干部进行评价，并记录上链，区块链的公开透明特性可使驻村干部受到群众监督。

**6. 助力脱贫成效的精准评定**

精准扶贫的根本点是脱贫成效精准。精准扶贫就是为了精准脱贫，脱贫成效精准就是使扶贫成果真实可靠、有效且长效，做到脱贫到人，实现贫困人口有序减少，并降低返贫率。

扶贫对象精准、项目安排精准、资金使用精准、措施到户精准、驻村派人精准都是实现脱贫成效精准的基础条件，脱贫效果需要科学评估、考核和监管，防止"被脱贫""假脱贫"现象发生。在实际工作中，缺少对扶贫信息科学有效的动态管理，往往是一次核定多年使用，无法对扶贫工作进行全面、全过程的监测分析，导致扶贫信息时效性不强，影响脱贫成效的精准性。

区块链的防篡改及共识监管机制能有效防止造数字、占指标等问题的产生，有助于形成真实可靠的扶贫数据，而区块链的分布式存储特性确保了贫困户数据的实时更新，结合监测、评估数据，及时提供相应的扶持措施，降低贫困地区农户返贫率，同时可完善贫困户的退出机制，做到脱贫即摘帽。

## 9.2.5 区块链赋能乡村振兴

**案例：宣化集成项目**

通过 5 年的建设，按照"一年有起色、两年见成效、五年成体系"的总体安排，将河北省宣化区国家现代农业产业园建设成为产业特色鲜明、生产要素高度集聚、生产装备先进、支撑体系完善、经济效益显著、生态环境良好、辐射带动有力的国家现代农业产业园，加快补齐宣化区农业农村现代化建设短板，形成宣化区农民收入增长的新机制。到 2025 年，把宣化区国家现代农业产业园建设成为国内领先、全国一流的国家现代农业产业园，创建国家农业绿色发展先行示范区；宣化"1+2+$N$"园区引领带动模式基本形成。将宣化区作为河北张家口地区现代农业发展和乡村振兴的典型和示范，归纳和总结具有宣化特色的现代农业和乡村振兴的发展模式，全面促进宣化区农业增效、农民增收、企业盈利和区域经济发展（见图 9-7）。

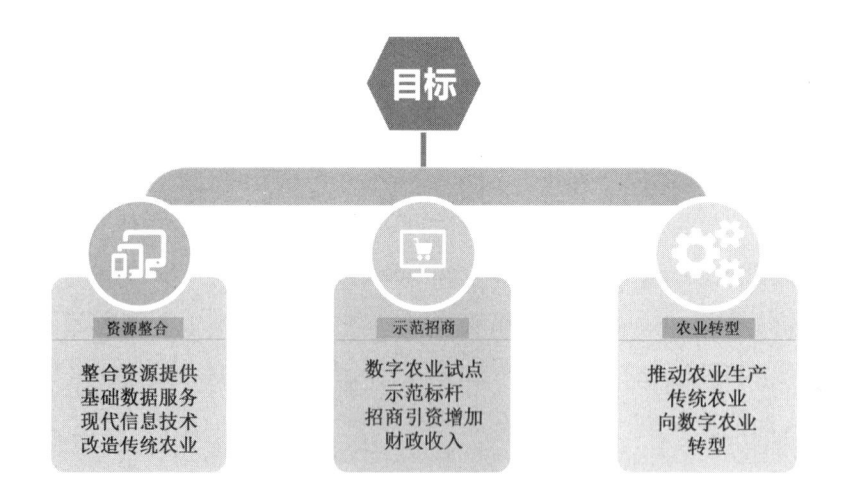

图 9-7　宣化集成项目发展目标

未来，农业信息基础设施将向着实时、远程、高速、融合的方向发展，无线网络覆盖范围更广、速度更快，智能感知终端在农业设施上的布设更加广泛。因此，启动智能园区管理建设，利用新技术、新理念、新思路能够更好提升园区管理的智能化水平。物联网的智能化、信息化、数据化应用可以帮助智慧园区产业实现种植方式、管理模式及运营方式的转变。

建设智慧农业园区，实施蔬菜品种育、繁、推一体化工程，打造高端果蔬品牌，促进绿色生态农业发展，对调整和优化农村产业结构、拓宽农业功能、延长农业产业链具有重要的意义，同时为当地的农村劳动力带来了新的就业机会，促进当地经济及相关产业的发展。

园区建成后将带动形成 600 人以上的蔬菜细分技术工、约 600 位合伙人和 400 余人的农业服务人群，辐射带动周边 1000 户以上发展高端蔬菜种植。技术工每天收益 200～300 元，合伙人（以棚为单位）年收益为 15 万元以上（每个日光温室占地 2.6 亩，亩效益 7 万元以上）。

园区按照龙头企业主体流转土地建园区，依托园区建合作社，合作人共享利益，以"六统一"为基准抓标准化管理，优质优价统一品牌做销售；实现资源整合、要素聚合、市场化运作，营建了产业发展新生态；吸引职业学院毕业生返乡创业，实现产业工人年轻化、学历化、技能化，实现宣化区域农业全面升级。

园区构建了"投资商+运营商+产业工人"的市场化运营模式。通过合作人以租代买的模式，经营权转移方式可在 5.1 年快速回收园区投资成本，实现资本壮大产业、保值增值的功能。项目建设以构建智慧、绿色、生态的蔬菜产业为主，目的在于提升"京西宣府"的影响力，实现产业扶贫的目标。此外还以提高农业综合生产能力和农民收入为目标，大力创新农业发展制度，统筹推进各项改革，着力打破农业发展的体制障碍，切实转变农业发展方式，提升农业产业化、合作化、科技化、机械化、信息化水平，促进现代农业快速发展，实现农业工业化、农村城市化、农业产业化，努力打造成为京津冀地区乡村振兴和数字农业于一体的现代农业产业标杆示范园区。

这种经营模式将有效地提升农业生产的技术水平，在一定程度上保证土壤的长期肥力和洁净，增厚土壤养分含量，增加活土层，提高农田地力水平等级，土壤有机质含量在现有基础上提高 0.1 个百分点，有效改善耕地质量，提高蔬菜产量与品质。

此外，该园区的建设还有助于解决一部分建筑工人的就业问题，增加其收入来源。并且，有助于当地优化投资环境，完善基础设施建设，从而更好地发展当地经济，提高当地居民的生活水平。值得注意的是，一方面，该项目对周边环境污染较小，废水、废气、废弃物等均经处理达标后排放，不会影响居民的生活质量。因此，本项目的建设也可得到居民的支持。另一方面，该项目积极选用先进工艺技术、设备，通过项目建设对于提高行业整体水平具有一定的促进作用，并且符合国家和河北省有关产业结构调整政策，可争取得到政府部门对项目的支持。

## 9.2.6　其他政府效能、财税管理、科技创新等的应用

税易贷项目是由安吉地税携手安吉国税，并联合多家银行，共同为安吉县的小微企业量身定制的，以税务信息为主的，提供低利率、无抵押的信用贷款服务。其目的在于切实解决小微企业融资难、慢，额度不高等问题，充分运用目前先进的区块链技术，通过建立

企业—银行—税务直接的信任连接，确保数据流通安全、透明，是一种便捷、快速、可靠的创新型互联网在线税务金融服务平台（见图9-8）。

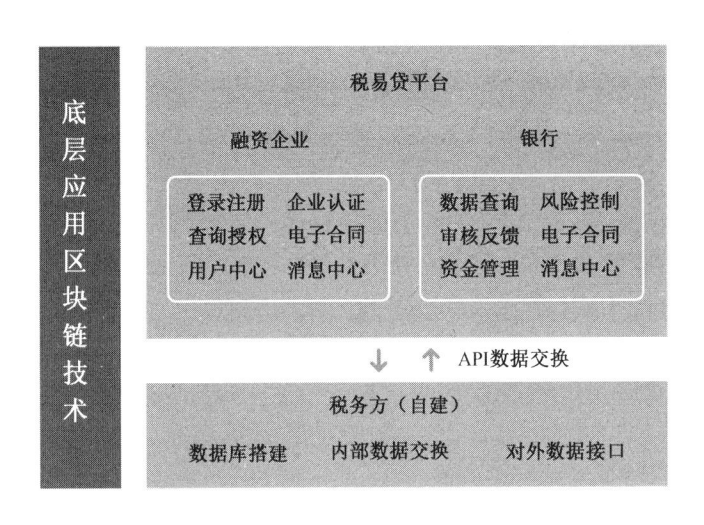

```
底层应用区块链技术 │  税易贷平台
                  │  融资企业              银行
                  │  登录注册  企业认证    数据查询  风险控制
                  │  查询授权  电子合同    审核反馈  电子合同
                  │  用户中心  消息中心    资金管理  消息中心
                  │           ↓ ↑ API数据交换
                  │  税务方（自建）
                  │  数据库搭建  内部数据交换  对外数据接口
```

图9-8　税易贷功能架构图

充分发挥建设服务型政府，营造公平竞争的创业环境，让数据多跑，使企业少跑甚至不跑。通过建立税务信用等级、销售收入、利润、增值税、企业所得税等关键指标，使用区块链技术，经贷款企业授权银行查询后，银行根据内部风控模型及评定，判定企业授信额度，以此快速实现税、银、企三方数据对接，同时将银行发放贷款信息回传至税务方，可使税务充分掌握数据利用状况，并可以监控数据变动情况（见图9-9）。

（1）平台用户注册并由地税方认证后使用，过滤非税务用户。

（2）平台底层采用区块链技术，确保数据传送安全、加密、可靠。

（3）银行查询税务数据，采用用户授权方式，确保非用户发起行为。

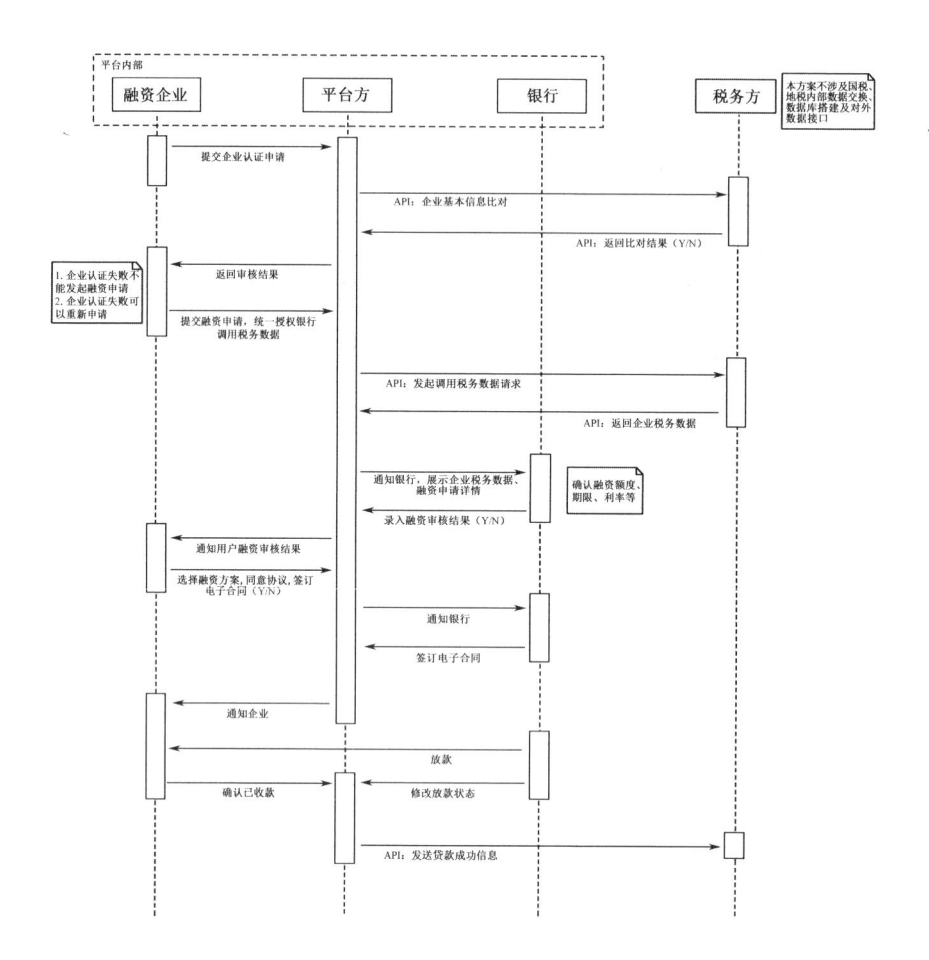

图 9-9 税易贷流程图

# 第 10 章
# 技术推动数字经济新循环

区块链技术自带的分布式存储记账、可信隐私计算、智能合约等技术特色,在促进经济领域数据流转、合同自动执行等领域的发展上具有特殊作用,特别是在全数字化的数字经济领域,结合物联网、人工智能、大数据等技术,可实现众多跨域融合的效果,在更大范围内推动可信数据流转,继而产生降本增效、科学决策、新商业范式等经济作用。

## 10.1　四两拨千斤，区块链引领新金融

**案例：浙江省金融综合服务平台**

为深入且快速推进融资畅通工程，深化金融供给侧结构性改革，提升中小企业融资效率，浙江省充分利用大数据、云计算、区块链等新一代信息技术，促进经济高质量发展，加快推进技术、平台、数据和业务等多角度的整合融合创新，形成"大平台、大数据、大系统"为总体框架的信息化新格局，将金融综合服务平台打造成金融供给侧结构性改革的浙江典范。通过浙江省金融服务平台，深化在数据感知、智能监管、预测预警、智慧决策等方面取得的突破性成果，实现与公共部门上下左右全面的信息共享和业务协同，为全省高质量发展提供了强有力的信息化支撑。

### 1. 总体架构

浙江省金融综合服务平台项目采用"1+1+$N$"总体架构："1个云上中心"（政务云平台），数据在云上中心储存并统一实施安全管理；"1个业务协同系统"（数据交换系统），基于不同的业务场景，将数据嵌入贷款流程，实现流程标准化和业务协同化；"$N$"是多个驾驶舱，银行机构可以根据业务需要实现数据上传、开发特定信贷产品等个性化应用。在此架构下，将数据嵌入业务流程，可有效驱动信贷业务高效协同开展，由此对信贷行为实施记录与管理，最终形成三者联动的开放式应用生态体系。

基于"1+1+$N$"总体架构，依托政府数字化转型"四横三纵"

总体架构，搭建"四大基础体系"。

### 2. 基础设施体系

依托全省统一的数字化基础设施，包括政务一朵云、基础网络、物理感知等设施。

### 3. 数据资源体系

以省公共数据平台归集的相关部门数据及银行保险机构端采集的数据为基础，将其统一归集至"云上中心"，搭建金融主题库和金融数据集市，实现多方数据共享交换。

### 4. 应用支撑体系

为功能应用提供支撑，主要包括用户平台、安全平台、运营平台，实施统一用户认证、安全保障、任务调度等。

### 5. 业务应用体系

服务于企业、银行保险机构、相关政府职能部门、行业监管部门等多类主体，包括浙里网上贷、信息共享服务、抵押登记网络化、授信支持服务、保险综合服务、行业监测服务和监测支持服务等应用，可根据不同需要提供差异化接口。

浙江省金融综合服务平台以"破解企业融资难融资贵"为建设目标，坚持政府公益性服务金融的定位，实施"融资畅通工程"，推动提升金融服务实体经济质效，满足企业资金需求，切实解决了中小企业燃眉之急，为广大企业提供了便捷可靠的金融保障（见图10-1）。浙江省银保监局采用数秦科技数融平台技术架构，上线服务全省的金融综合服务平台，授信额度累计已突破12000亿元。

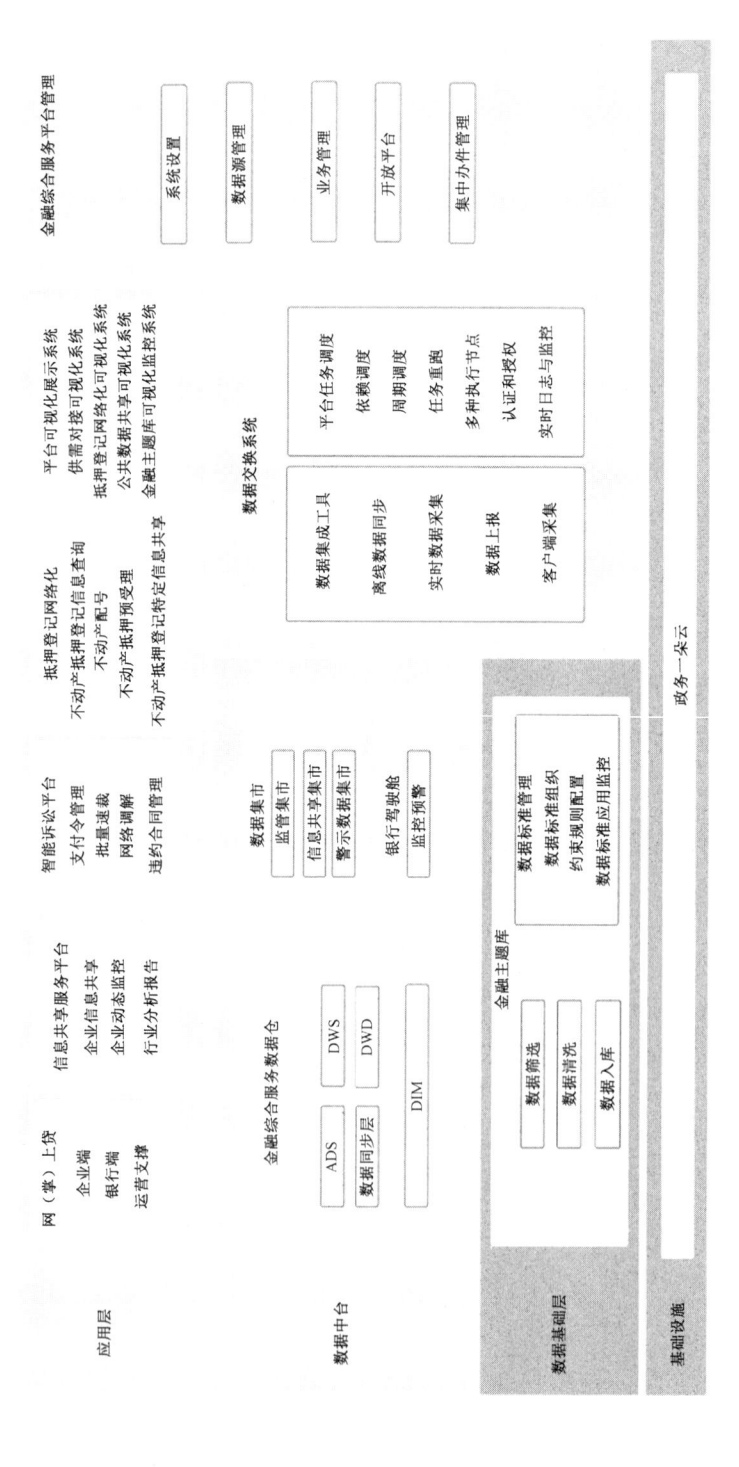

图 10-1 浙江省金融综合服务平台示意图

## 10.2 让农业插上腾飞的翅膀

**案例：临安山核桃**

以"数字赋能，重塑品牌，振兴产业，打造以临安山核桃为核心的产品坚果之城"为总体目标，进行山核桃产业数字化提升，立足于临安山核桃产业资源优势，以产业云服务平台建设为基础，支持推进数字化建设向乡村、产业深度延伸，全力促进数字经济新技术、新设施、新业态在山核桃产业发展领域的应用和转化，着力推动乡村智慧化发展、农业数字化升级，促进农业发展方式转变和乡村产业高质量发展探索路径、打造数字乡村浙江样板。

目前构建完成的农证贷产品已经上线运行，农证贷基于地理时空大数据的获取、处理和分析等技术手段，多维度综合评估农产品价值，将土地资产数字化，并结合区块链技术建立起安全可靠的山核桃资产认证与授信体系，为临安数字乡村试点建设提供充足的资金保障，进一步激发数字农业金融活力。

## 10.3 当传统工业遇到区块链

**案例：永康五金链**

用"供应链和财务链的建设来提升产业链建设"的战略思路，

建设永康的产业链,进而为永康整体制造业的良性发展提供指导。

## 1. 永康经济发展的产业链局限

对比全国十强县之一的福建省晋江市可以发现,永康存在着两个致命的经济弱项。一是经济体系的内部链接相对薄弱,企业之间互相成就共同壮大的机制几乎不存在。一个典型的表现是晋江有专门做鞋类产品面料供应链业务的一品嘉公司(福建一品嘉云创信息技术股份有限公司),其年成交额200多亿元。反观永康五金工业中供应链体系,除了几个各自为政的五金工业网站,供应链网络的实质性产出几乎无从计算。二是企业体量偏小,市场深度偏弱。目前晋江市有46家上市公司,22个私募基金,而永康在这两个方面显然无法望其项背。

## 2. 推动永康产业链发展的两条路径

面对这种局面,永康经济发展的破解路径唯有内外两大战略,即在内部以供应链理念来强化全域经济的内在联系,在外部则以区块链的财务链理念来拓展全域经济的市场空间和提升企业品质。

(1)学习晋江一品嘉公司的运作模式,组建永康五金行业的供应链公司,以此整合永康五金产业的内部合力。可以考虑以几个核心的五金骨干公司为主体组建一个供应链服务公司(也可以以现有的某个专业性网站为基础),以成员的内部业务为基础形成基础性的供应链服务,在此基础上逐渐吸纳全行业企业进入供应链服务体系,建构永康五金行业内部行之有效的产业内部联系,有助于节约成本,提高效率,强化对外的市场竞争能力。

(2)积极引入区块链技术,以区块链的财务链来提升优化永康五金产业的行业品质和拓展市场空间。区块链技术的应用是全球经济发展即将到来的下一个技术平台,区块链技术将改变我国现有的经济体系。因此,从区域经济学的角度来看,当下最为重要的一个问题是区块链技术运用的先发优势与后发劣势。如果永康经济可以从财务链角度突破,率先获得区块链技术的先发优势,那么在几年之内就可以重新建构其经济版图。

### 3. 永康产业链建设的政策支持

永康的产业链建设,特别是将产业链建设搭建在目前最为先进的区块链技术之上的构想,必须依赖两个体系的高效运行和互相催化。

一是区块链技术的市场主体体系。目前,经过一系列的协商和磨合,永康的一些企业家邀请了浙江师范大学及杭州、上海相关技术部门的专家联合组成了一个区块链技术运用研发体系,在浙江师范大学数字经济智能化应用研究中心的协同下,上海相关单位以先期研发的区块链财务技术软件为投入,共同协商组建永康的五金产业供应链公司和五金产业区块链财务公司,旨在协同永康各个方面的条件和力量,最大限度地为永康经济社会进入区块链技术社会体系创造条件,使得永康经济社会进入区块链社会体系获得先发优势。

二是政府的政策支持体系。目前,一方面,区块链技术的实际应用仍然处于研发阶段;另一方面,后疫情时代,经济在很大程度上削弱了市场体系原本可以给予区块链技术研发的力量注入。因此,永康的区块链技术市场主体体系的成功运行,还需要一个至关重要的政策支持体系。我们希望在供应链公司和区块链公司前期的注册、成立、运行等一系列过程中可以得到永康市委市政府及其相关职能部门的大力支持和鼓励，从而推动永康五金产业的供应链体系和区块链体系健康可持续地发展壮大，最终协同整个永康经济在供应链和区块链的推动下更上几个台阶，使永康在全国的经济体系中有更加辉煌的成就。

## 10.4　区块链重构下的新服务业

**案例：电商知识产权保护、侵权维权处理**

互联网公证处知识产权服务平台，积极助力原创作品、IP形象等领域的知识产权保护，致力于打造全方位的知识产权公证法律服务，实现足不出户便可使用在线公证服务，使广大用户可以在保证数据加密安全传输、保证司法效力的前提下快速维权。杭州互联网公证处是全国首家互联网公证处，保全网作为唯一技术支持方，协助杭州互联网公证处提供在线存证、在线出证等"一站式"知识产权保护服务（见图10-2）。

（1）作品创作时——存证确权。

借助区块链快速将原创作品加密上链，实时固定所有权信息。存证操作仅1分钟，为原创作品快速"上保险"。

（2）作品发布后——侵权监测。

7×24小时全网监测，有效针对原创图片、文字内容、音视频等内容进行相似度比对，快速发现侵权行为。

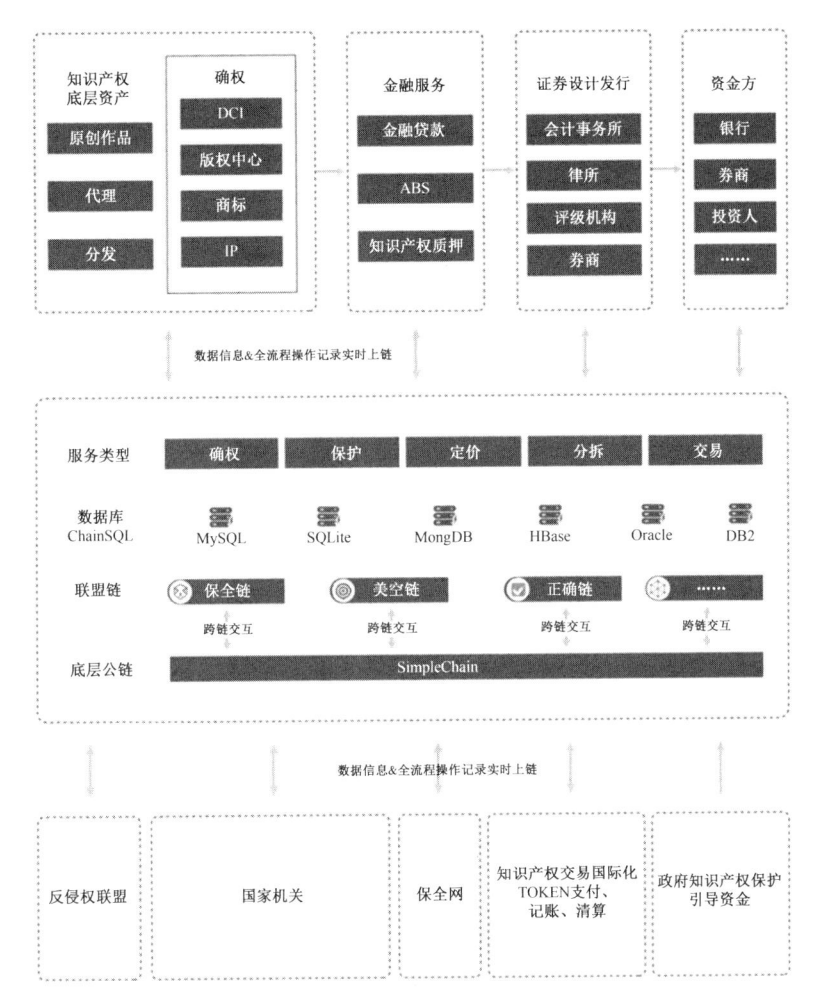

图 10-2　互联网公证处知识产权服务平台服务链

（3）发现侵权时——在线取证。

支持快速在线取证网页、音视频、聊天记录等内容，保障清洁的取证环境，依托司法联盟链，确保证据司法效力。

（4）固定证据后——司法出证。

支持在线一键申请出具公证书、司法鉴定意见书，提供数据保全公证、司法鉴定及购买公证等服务，并具法律效力。

保全网基于区块链技术，专注于服务知识产权、电商维权、金融存证、风险处置、内容安全检测、违约在线处置等领域，提供在线签名、存证确证、全网监测、在线取证、在线出证的完整流程，已为上百万个用户提供服务（见图10-3）。作为"全国区块链存证

| 类别 | 保全网 |
| --- | --- |
| 取证 | 主动取证（全自动、全流程、实时） |
| 存证 | 区块链业务全流程数据实时保全存证 |
| 出证形式 | 根据事实及流程出具司法鉴定意见书、公证书 |
| 出证主体 | 司法鉴定中心或者公证处出证 |
| 出证成本 | 低 |
| 司法处置 | 法院：杭互法、北互法、广互法等<br>仲裁委：杭仲、赣江仲裁委等 |
| 与仲裁委合作模式 | 保全链固定证据链批量自动申请 |
| 执行能力 | 全国有合作律所，有专门执行律师 |

■ "侵权内容监测+区块链存证取证"整体解决方案

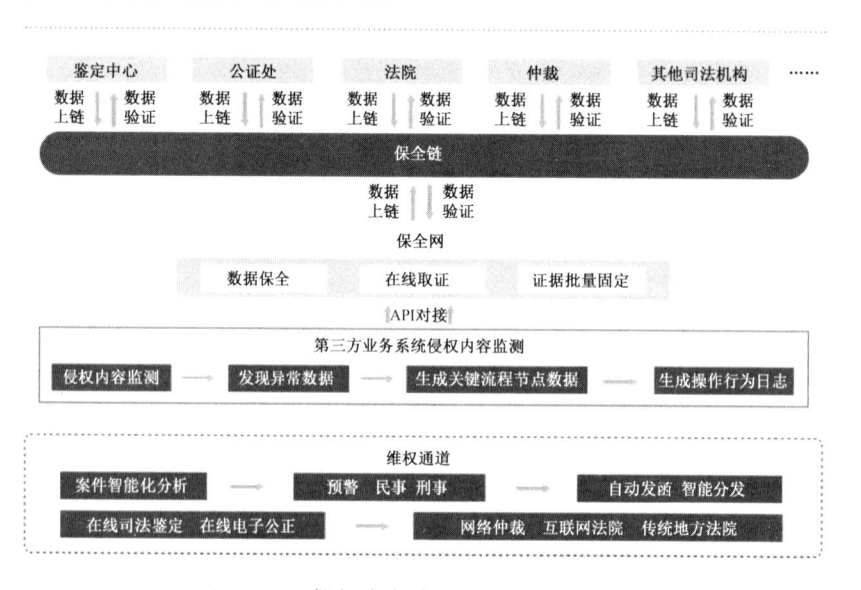

图10-3 侵权内容检测流程及解决方案

第一案"的独家技术支持方,保全网所提供的区块链存证技术获得杭州互联网法院采信,这标志着保全网区块链电子数据保全体系获得司法鉴定机构、公证处等机构的高度认可。目前,平台累计已服务超过 105 万个注册用户,区块高度超过 576 万,拥有 7400 多万的保全数据及全国 500 多个判例。保全网希望通过保障用户合法权益、降低维权成本,进而从根本上提高侵权代价,降低侵权概率,将技术利好渗透智慧新司法领域,使"无讼"得以逐步实现。

## 10.5 改革视野下的新业态发展

未来的经济形态将以智能经济为主,资产数字化是其主要特点,而时间链的发展将最终实现资产数字化。

无论去中介化的公有链,还是中心化的联盟链、企业链,都是数字资产的代表,其以电子数据的形式存在。可编程控制的资产,包括传统资产的数字化与全新的可编程数字化资产这两大类型。

一是传统实物资产、权益资产数字化。随着区块链技术的发展及交易模式的改变,物权、股权、债权、其他产权和版权等实物资产或权益资产的交易模式,都可能逐步成为数字化交易的对象,成为数字资产。以房产为例,最早是实物交付,后来变为房契交付,再后来是登记转移,数字化时期则是数字化转移。

二是可编程数字化资产。随着工业化和金融创新的深度发展融合，以往工业化时代统一规格工业品生产已经不能满足需求，人们希望获得更多的适合自己的个性化服务。这种产品可以通过数字化设计而产生，称为可编程数字化资产。

## 第 11 章
# 区块链构建数字化社会新规则

区块链应用经历了从无到有、从有到大、从大到精的过程。这表明,区块链已经被视为发展新经济、新业态的有力突破口,其巨大的应用价值正在不断被凸显、被实现。

我们所处的社会在经历了工业化、信息化发展浪潮后,迎来了人工智能、物联网、区块链、5G 技术的演进和融合。目前,我们开始进入数字化变革的早期。数字化社会将形成新的生产要素和生产关系,数据将成为核心要素。在数字化社会中,人和万物均被"数字化",我们的行为活动、社会管理等均在新的数字化范式下实现。

目前的互联网主要承载了信息化的功能,而数字化社会要求网络承载主体身份、价值（包括财产权）等要素，实现价值互联、法制建设，这对网络基础设施提出了新的要求，具体表现在信任机制和法律实践上。

首先，在信任机制上，互联网本身不具备内生的可信任性和可靠性，所以需要中心化权威机构提供外生的信任，因网络不承载社会主要价值，权威机构出现问题的风险也是可控的。而数字化社会的基础网络承载了社会主要价值，依赖权威机构提供信任存在系统性风险，会对社会宏观层面产生极大影响。区块链是基于密码学基础产生的内生性信任机制，技术上正好能满足这个需求。

其次，在法律实践上，传统社会关系是建立在基本法律框架之上的，经济活动主要基于契约关系进行，保障这种社会关系的法律基础在数字化社会将面临巨大挑战。数字身份、网络行为、电子合同、电子证据等都是以数据形式存在的，为司法执行带来了诸多困难，因为电子数据本身是易篡改、存储不可靠的。传统方式依靠中心化三方机构来认证和保存电子证据，但只能解决部分问题，三方机构本身仍然存在公平、公正及可靠性问题。另外，数字化社会在很大程度上依赖人工智能设备的决策或者辅助决策，人工智能设备和物联网设备的行为所导致的法律纠纷问题目前仍处在模糊地带。区块链技术的内生证明力、不可篡改性、去中心化特性，为解决数字化社会的法律问题提供了新的思路。

在数字化法治社会的基础要素中，区块链技术能有效解决法制建设的核心问题，将数据和主体行为凭证的存储依托于去中心化的系统，而不是依托于单一的中心化机构，能在安全、公平、公正、隐私、效率等方面发挥重要作用，具体应用案例如下。

## 11.1 区块链创新应用助力公安工作提质增效

**案例：山西省公安厅公检法司联盟链**

科技是国之利器，也是兴警利器。近年来，公安部党委始终坚持科技兴警，适应国家治理体系与治理能力现代化要求，不断深化科技创新和科技成果应用。各地公安机关紧抓契机，向科技要警力、向信息化要战斗力，努力研发新技术、持续转化新成果。为了让区块链技术在公安工作中发挥更大潜力、助力警务工作提质增效，让区块链技术真正转化为确保国家政治稳定、维护社会安宁、服务人民群众的生产力，各地公安机关都做出了积极探索与实践。

山西省公安机关在不断完善和深化公安大数据战略的基础上，抢抓区块链发展的先机，迅速行动，强力推进区块链在公安工作中的应用。此外，山西省还创新提出利用区块链"不可篡改、真实可信"的技术特性和促进数据共享、优化业务流程的作用，建设公检法司联盟链的构想，打破长期以来公检法司之间的数据壁垒，破解公检法司在诉讼衔接、协作配合、监督管理中存在的不顺畅、不规范的难题，全面加强公检法司数据共享、业务协同和监督制约，在2019年全省公安机关应用大数据全面建成应用执法全流程智能管理平台、实现公安机关内部执法全流程"小循环"闭环管理的基础上，进一步构建起公检法司执法司法全流程"大循环"闭环管理体系，以提升执法司法效率，倒逼公安执法规范。

经过半年的实战应用，公检法司联盟链正式建成运行，联盟链在推动执法司法规范化中发挥了重要作用，实现执法司法全流程网上流转，彻底解决公检法司协作配合不到位、不规范、不及时的问题。

过去，公安机关将案件移送后，无法及时掌握检察机关何时提起公诉、人民法院何时做出判决，以及犯罪嫌疑人何时送监执行、何时释放出监等情况，因此无法根据起诉、判决、执行情况开展执法质效分析、重点人员管控等相关工作。同时，诉讼过程中还时而存在互借时间、互借手续，涉案财物不移送、移送不接收、不判决等不规范问题。在公检法司联盟链运行后，执法司法全流程线上流转，公安机关提请逮捕、移送起诉全部线上移送检察机关，检察机关网上接收案件，检察机关的诉讼文书、监督文书实时推送回公安机关，杜绝了以往公安机关和检察机关因互借时间而无理由拒绝收卷、随意退卷、检察机关口头监督、"照顾式"监督等问题。此外，法院可通过联盟链全面审查掌握公安机关侦查获取的证据和检察机关移送的证据，审判后，将裁判文书实时推送回检察机关和公安机关，彻底解决了以往公安机关无法及时知晓判决结果的问题。2020 年以来，3.9 万件检法文书全部推送回公安机关执法全流程智能管理平台，为开展执法质效分析研判提供了有力支撑。通过公检法司联盟链，律师能够在案件移送起诉后，在网上查阅公安机关办案的证据材料，对公安执法提出意见。司法监狱系统也因此与公安机关实现了网上业务协同，真正形成了闭环。在法院判决后，公安监所在押人员需送监狱服刑的，通过公检法司联盟链及时将有关人员信息推送给监狱，监狱收到信息后将回执返回公安机关；监狱服刑、减刑假释、释放、社区矫正情况、戒毒人员情况也全部通过公检法司联盟链交互给公安机关,解决了过去公安机关与司法行政部门不衔接、人员动态不掌握、相关人防控不到位的问题。系统上线以来,司法监狱系统 20.9 万条监狱执行数据实时推送山西公安派出所"智慧大脑",派出所及时跟进重点管控,有力提升了社会治安防控能力。

公检法司联盟链运行后,全省公安机关敞开大门主动接受监督,将 2020 年以来 6.4 万余起刑事案件实时上链推送检察机关,检察机关无须派驻公安机关,在网上即可实时监督公安执法所有环节,倒逼全省公安机关必须从执法源头开始步步规范。检察机关监督、法院审判、律师辩护数据反馈公安机关,依托监督数据,深入剖析问题短板,反思执法得失,找准薄弱点,有针对性地采取措施补足问题短板,全面建立了内部监督与外部监督相结合的执法质效分析评价机制和执法积分管理机制,逐渐形成了引导和鼓励民警多办案、办好案的工作格局,公安机关执法质效显著提升。自此,检察机关监督立案撤案、不捕不诉、追捕追诉、退回补侦、纠正违法全部实现下降,同比分别下降 5%、52.08%、57.66%、57%、60%,立案侦办的刑事案件无一起被判决无罪。2020 年上半年,人民群众安全感达 97.79%,获得感、幸福感、安全感均创历史新高。

公检法司联盟链仅是山西公安推动区块链技术在执法司法领域创新应用的一个成功案例,区块链技术在公安工作中还有更多的应用场景和发展空间。目前,山西公安机关正在应用区块链技术加快推进跨部门政务链建设,实现公安机关与相关政府部门之间的数据共享,为深入推进行政审批"一网通办"服务以及为提供更便捷、更高效的服务提供强有力支撑。

2018年6月28日，全国首例区块链存证案在杭州互联网法院一审宣判，法院支持原告采用区块链作为存证方式并认定对应的侵权事实。此次案件中，原告通过保全网对被告公司的侵权网页予以取证，并通过区块链存储电子数据的方式证明电子数据的完整性及未被篡改，故认定侵权行为确系发生。

截至目前，杭州、广州、北京三家互联网法院均已形成多个认可保全网证据的胜诉判例；在案件庭审过程中，三家互联网法院均对保全网电子证据的真实性没有异议。

## 11.2　区块链如何为公证事业赋能

**案例：保全网杭州互联网公证处简证平台**

杭州互联网公证处简证平台，积极助力原创作品、IP形象等领域的知识产权保护，致力于打造全方位的知识产权公证法律服务，实现足不出户，在线公证服务，从效率、安全、司法三大维度助力知识产权保护，使广大用户可以在保证数据加密安全传输、保证司法效力的前提下快速维权。

传统证据保全公证，过去一直存在取证困难、预约排队久、流程烦琐、费用高昂等问题。而普通的第三方存证机构比较少，防篡改能力弱，以至于证据效力低。诉讼及执法过程中的大量证据需要以电子数据存证的形式呈现，而电子数据存证的安全性要求高，又普遍具有取证难、易消亡、易篡改、技术依赖性强等特点，在诉讼中的司法审查认定难度较大。

针对这些行业痛点，杭州互联网公证处简证平台不断推动区块链技术在电子数据存证和证据保全服务中的应用。将区块链技术与公证法律服务相结合，形成区块链电子存证业务模式。基于区块链技术保障数据的不可篡改性，公证则对事实和行为的真实性、合法性进行证明。

基于区块链技术，平台提供电子数据在线存证、在线取证、在线公证服务，有助于缩短取证和出证时间，充分发挥公证职能（见图 11-1）。同时，平台与互联网法院、司法鉴定中心、互联网公证处等司法节点对接，提高了存证数据的可信度。

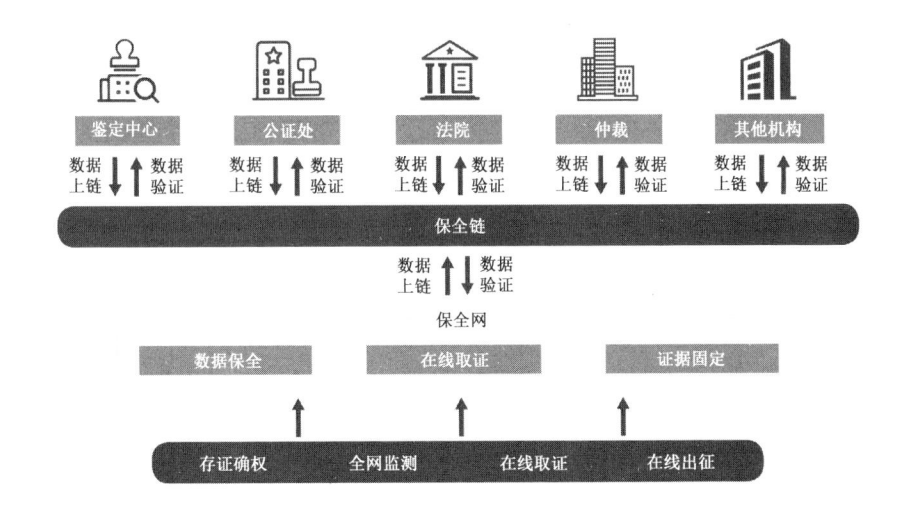

图 11-1 区块链在公证事业中的应用

用户通过平台进行数据存证、取证等操作后，操作数据与操作日志等信息会统一打包上传至区块链，确保数据的真实性。电子公证在线受理、审核后出具电子公证书,省去了传统公证书线下制证、领取过程。司法联盟链中的节点成员也可对电子公证书及相关数据进行在线查阅、校验,提升了提升司法效率及可信度。

杭州互联网公证处简证平台由数秦科技保全网团队提供技术支持,基于保全链提供服务。保全链是由数秦科技联合互联网法院、杭州互联网公证处、浙江千麦司法鉴定中心、仲裁委和版权局等司法机构构建的区块链司法联盟体系。

保全链借助多节点备份、重复而又独立的计算、数据不可篡改等特性,实现全新的公信力格局,保障链上数据的真实有效,推动区块链技术在电子数据存证和证据保全服务中的应用。保全链已通过工业和信息化部电子标准院区块链系统功能测评认证、国家工业信息安全发展研究中心司法鉴定所测评认证、国家公安部完整性鉴别检验检测等多项测评,并首批通过网信部区块链备案。

平台与司法联盟链接轨,保障数据安全,对互联网数据提供在线存证、在线取证、在线申请公证等全方位服务,配备专线取证人员,根据需求筛选合理取证方案。并且,平台改良了传统公证流程,通过知识产权服务平台快速存证并申请公证后,可以实现在线签署询问笔录,在提交相关材料后,即可在线审批完成出证。如此一来,进行互联网公证仅需三步,省时省力。通过平台出具的公证书系获得正式公证编号的公证书,具有与传统公证相同的法律效应,法律效力有保障。平台现已接入杭州互联网法院、广州互联网法院电子证据平台,诉讼时保全网存证证据无须经过二次核验,可直接受司法采信。

## 11.3 人民法院智能化诉讼服务

**案例：金融综合服务平台智慧诉讼系统**

金融借款和民间借贷是浙江民商事诉讼领域最主要的两类案件，年均收案 20 万件左右，其中金融借款 6 万件，民间借贷 14 万件，占民商事案件的三分之一，总额 2000 亿元。经调查发现，目前 95%以上的互联网金融案件借款主体为个人，主要涉及短期消费贷款，80 后、90 后已成为互联网借贷的主力军。从地域分布上看，借款人几乎遍布全国。

共债问题严重、违约率高和恶意逃废、失联率高、反催收联盟产业化等状况，是当下处理金融案例中的痛点。

一方面，案件数量庞大，同时具有同质化的特点。这类案件多为小额信贷，涉及债务人数量众多，传统的司法流程难以负载。当下监管机构针对催收的监管越发严格，在合规的前提下，如果用传统模式去催收，会导致回款率骤降及成本升高等问题。

另一方面，银行端在处理这些金融案件的诉讼时，如果人工写起诉状并手动盖章，效率比较低，而且也需要频繁地跑法院，公告送达成本也比较高；法院端有大量待诉案件需要处理，但法院案多人少的情况直接影响线下起诉案件的时间和进展，种种因素导致诉讼的处理效率低、成本高、进度慢、办案难。借款合同的电子化是互联网金融案件与传统金融案件最显著的区别。不同银行对于电子借款合同成立生效的订立标准不同，进一步提高了司法认定的难度。

智慧诉讼系统，通过和浙江省高级人民法院凤凰智审平台总对接，主要解决银行不良贷款处置效率低、成本高、进度慢等办案难问题，为浙江省金融业提供了预规则的多元化风险处置机制，高效提升司法审判效率，真正实现了线上金融风险处置全流程闭环（见图 11-2）。

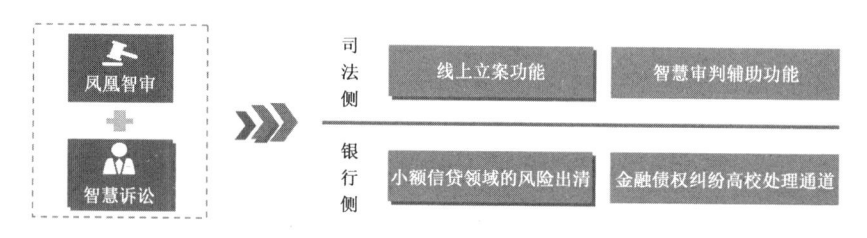

图 11-2 凤凰智审智慧诉讼系统

平台基于区块链技术，为金融纠纷的证据提供了防篡改、可追溯、可共享的分布式账本技术，对可作为证据的交易数据进行事前可信存证，能够从技术上保障证据的真实性，为后续诉讼中的快审速执提供关键支撑，还能全程覆盖存证调证、催告、和解、调解、申请立案、立案审查、送达、证据交换、庭审、宣判、执行等诉讼环节，真正实现金融纠纷案件全程在线快速、批量、智能办理。平台功能满足高院"繁简分流"改革需求，目前已经落实试点银行。

## 11.4 万物互联时代，智慧法院起而行之

**案例：浙江省高院智慧诉讼**

人民法院秉持"努力让人民群众在每一个司法案件中感受到公

平正义"的价值追求。近年来,浙江法院主动适应互联网与司法深度融合趋势,持续加码司法改革与智能化建设,逐步打造智慧法院生态体系。

浙江智慧法院建设起而行之,依托微信小程序打造移动诉讼服务平台,浙江输出的"移动微法院"模式实现了"指尖诉讼、掌上办案"。因平台入口亲民、操作程序简易,符合条件的当事人大多愿意选择使用"移动微法院"提供的司法服务。

当前浙江智慧法院渐趋覆盖全部审判执行流程。这不仅使在线完成全部诉讼活动成为可能,还积叶成章、深度整合,为形成开放智能的审判模式提供愿景(见图11-3)。

图 11-3　智慧法院在线庭审

疫情期间,浙江法院引导当事人优先通过多个平台进行网上立案、联系法官、提交材料、开庭或调解。同时要求各地法院利用好跨区域远程办案平台,最大限度地方便当事人和律师参与诉讼,减少人员流动和聚集。

2020 年 2 月 4 日,经当事人申请且报审批同意,杭州互联网法院一位居家观察的法官连线西安和温州两地诉讼参与人，进行了一场法官、当事人都在家中的"隔空庭审"，该案是中国首例法官在家开庭的案件。

疫情期间的在线诉讼是对前期信息化建设成果的全面检验和迅速激活。2020 年以来，浙江法院网上立案 13.5 万件，网上调解 8.5 万次，网上开庭 5370 次，网上证据交换 2.7 万次，电子送达 155.7 万次。在线诉讼模式能够在疫情吃紧的情况下，确保司法服务不断线，这是近年浙江互联网司法建设成果的集中体现。

当前，全国各地都在积极探索审判程序中各环节的智能化应用，但全流程智能化尚处空白。浙江正着力在智能审判、智能送达、智慧执行、智能诉讼服务、智能司法管理等环节多点发力。

在智能审判方面，2020 年 9 月浙江法院研发"凤凰金融智审"模式，借助无实体的 AI 法官助理，辅助法官从立案到归档的全流程智能办案，实现金融借款合同纠纷的"三自动、五实时、三当庭"，填补国内相关领域的空白。

在智慧诉讼方面，采取了"区块链+大数据"技术，通过和浙江省高级人民法院凤凰智审平台总对接，全程覆盖存证调证、催告、和解、调解、申请立案、立案审查、送达、证据交换、庭审、宣判、执行等诉讼环节，真正实现了金融纠纷案件全程在线快速、批量、智能办理，主要解决银行不良贷款处置效率低、成本高、进度慢、办案难的问题，为浙江省金融业提供了预规则的多元化风险处置机制，高效提升了司法审判效率，真正实现了线上金融风险处置全流程闭环。

此后，互联网司法在法院审判工作中的功能作用将进一步凸显，如何适应当事人在线诉讼新常态、实现互联网时代司法模式的深度转型将成为人民法院亟须面对的重要课题。

**司法赋能金融服务：小额金融案件立、审、执一体化平台**

随着社会经济快速发展，金融借贷纠纷案件持续增长，为深化民事诉讼制度改革，推进案件"繁简分流、轻重分离、快慢分道"，需要进一步提高法院解决纠纷的能力，使司法更加高效权威、诉讼更加普惠便捷多元。泉州中院围绕建设智慧法院，已经上线了电子诉讼服务平台、电子卷宗平台、电子诉讼区块链存证等功能。在此基础上，针对小额金融借贷单笔授信金额小、笔数多、客户数量庞大、客户区域分散的特点，由泉州中级人民法院，会同兴业消费金融、数秦科技等机构，遵循"公证高效、合法自愿、权利保障、便民利民、安全可靠"的原则，牵头推出小额金融案件立、审、执一体化平台。这是国内首个立、审、执一体化智慧审判系统，实现了三域跨越、高效立案和增速增产。

三域跨越：不同系统的直接对接、不同区域的直接对接、线下线上的直接对接。

高效立案：原来需要10～20天收集整理工作，现在可在线上一键完成。

增速增产：金融小额案件全流程线上跑，原来需要一个月的审判流程，现在10天即可完成。

平台综合运用区块链、大数据、人工智能等技术，实现人民法院、金融机构、代理机构线上高效互动，为法院、金融机构、当事人提供"一站式"、全流程线上化案件办理平台。

系统主要有三大功能模块：

（1）电子存证。金融机构业务全流程电子存证，区块链对交易数据及信贷合同进行事前存证，将其变为结构化、标准化、要素化的电子证据，存证结果同步到仲裁、公证、法院在内的所有司法节点，从技术上保障证据的真实性、完整性、一致性。

（2）诉讼管理。出现风险后，金融机构根据信贷业务所对应的哈希值，批量提取、自动生成诉讼材料和电子证据，原来需要 10～20 天收集整理工作，现在可以一键完成，实现高效批量立案申请。

（3）智能审判。法院端收到立案申请后，自动审查案件要素、繁简分流，自动分案排期，文书一键送达当事人，远程庭审，链上批量核验电子证据，自动生成裁判文书，申请执行并报结归档。

平台业务流程方便快捷，公证高效。

（1）批量生成，一键递交；

（2）智能审核，繁简分流；

（3）远程开庭，智能审判；

（4）链上核验，哈希校对；

（5）文书自动生成，批量送达；

（6）线上执行，自动归档。

全面数字化、流程自动化、系统智能化，真正实现全流程"案件线上跑"。

作为数字化改革、跨域合作的典型应用，小额信贷纠纷批量处置平台以科技手段提高法院解决纠纷的能力。第一，分案"增速"，优化配置审判资源，20%的法官处理80%的小额简单案件；第二，质效"增强"，借款要素实时上链，同步到所有司法节点，支持事后核验；第三，办案"增产"，跨域联结，打破界限，大幅提升小额贷款金融纠纷处置的效率，为金融市场的稳定及经济社会的健康发展保驾护航。

## 11.5 区块链技术带来的检察办案模式之变

**案例：浙江高检一体化办案系统**

抓获、提审，到检察院公诉，再到法院判决，过去至少需要20天走完流程，如今只用一周左右即可。

高效背后，离不开线上线下相结合的"政法一体化办案系统"数字化改革。

"政法一体化办案系统"即通过跨政法部门的数据交换，利用区块链技术特性，破除政法各部门执法信息系统之间的数据壁垒，搭建数据流转的高速公路，通过数据化的办案程序，推进信息化条件下政法机关协同办案。该系统补齐了跨部门办案的规范性约束短板，实现办案全流程留痕，可追溯、可监督，有助于提高办案效率，有效节约了司法资源（见图11-4）。第一，实现政法各单位信息共享复用。通过电子实时送达等方式"让数据多跑路"，优化换押、涉案财物管理等多部门联合处理流程，促进刑事诉讼效率提升，解决案多人少的困难。第二，提升办案质量，实现审判对侦查、起诉的制约和引导。第三，系统内置证据标准，引导侦查机关、人民检察院按照裁判的要求和标准收集、固定、审查、运用证据，有效避免缺乏关键证据或证据存在瑕疵。第四，构建政法大数据应用的多样生态。系统运行中积淀的办案数据，涵盖侦查、起诉、审判和执行四个阶段，可为政法各单位所用，进行大数据分析，开展辅助办案和决策运用。

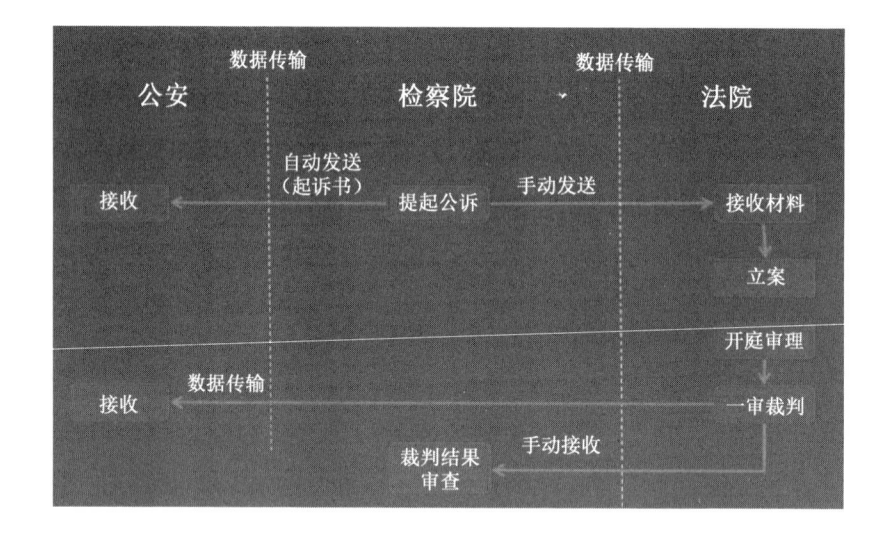

图 11-4 审判协同系统协作流程

线上，依托浙江省一体化办案系统，办案中心通过跨部门互联互通和数据共享交换，实现案件、文书、卷宗等基本信息共享交互，以电子卷宗取代纸质卷宗，实行单轨制办案。

线下，由公、检、法、司统一入驻办案中心，引入医院、邮政、银行等单位，提供医疗体检、文书代寄、保证金缴纳等服务，并建立刑事速裁案件"一站式"办理机制，实现"简案快办"。

以酒驾案件为例，案件涉及讯问、法医鉴定、提审、审查起诉、庭审等环节,过去仅仅血液酒精含量检测这一项工作就要跑两趟鉴定机构,耗费在路上的时间就要一两个小时。执法办案中心成立后,这些程序在中心内即可"一站式"搞定,在公安机关采用"刑拘直诉"开展侦查取证的同时,检察机关同步开展办案监督、程序分流工作,值班律师跟踪开展阅卷、权利保障、见证认罪认罚工作,最后由速裁法庭实行快速审结,有效解决了移送程序烦琐等问题。

在"政法一体化办案系统"上线后,以刑事案件为例,速裁平均办理时长从 20.2 天压减到 6.5 天,刑事案件退查数和延长办理数同比分别下降 69.4%、94.6%。

当前,互联网巨头企业也都在积极布局区块链领域,推动其与传统业务融合发展,我们生活中离不开的网购、聊天等都是数据互联互通所带来的便利。不过,便利在发展的过程中也有隐忧,在数字化经济中,数据管理、安全、公平等问题一直遭受挑战,而区块链技术和法制应用的不断成熟,让我们对有效解决问题有了更强的信心。

## 第 12 章
# 数字化,让幸福生活触手可及

未来十年是加速变化的十年,充满了巨大的不确定性,也孕育着继互联网风口之后最大的机遇。区块链技术的集成应用在新的技术革新和产业变革中起着重要作用。

如果说蒸汽机释放了人们的生产力,电力解决了人们基本的生活需求,互联网改变了信息传递的方式,那么区块链作为构造信任的机器,将有可能彻底改变整个人类社会价值传递的方式。

我们已经进入流动的世界,数据成为流动的前提和基础。在未来,流动的数据会让更多行业发生深刻变化。在大航海时代崛起的荷兰,第一次实践了融资的思想,将社会中的闲散资金聚集,再通过集中而有效的模式去投资经营,同时在 1602 年成立了世界上第一家股份制公司——东印度公司。

15世纪大航海时代的驱动因素是新大陆的发现和新技术的发明。航海家们漂泊在海上进行探索，打破了人类固有的认知，银行、股票等新概念随之诞生。

随着对数字空间和数字科技的探索，新的数据大航海时代开启了。

近年来，各地主动创新技术应用场景，连点成线、串块成链，区块链不再是"熟悉的陌生人"。金融服务、电子政务、医疗健康、征信……越来越多区块链应用呈现在眼前，为群众生活带来实实在在的获得感，为高质量发展蓄势赋能。

数据具有穿透能力，在纵向上可以穿透市场层级，把交易变成点对点形式，买家和卖家间不再需要中介，在横向上则可以缩短产业链。未来十年，以区块链为代表的数字新生力量将成为创业创新的主战场，我们要把目光投向可以让世界流动起来的产业。

区块链既是"新物种"，也是孕育新物种的"母体"。区块链作为技术创新和金融创新的新物种，只有和传统产业深度融合，其创新价值才能得到充分发挥，从而孕育出更多的新物种。

## 12.1　以区块链为基础打造智慧校园大数据基础平台

**案例：平安校园智慧项目**

如今，很多教师不敢对学生说教，一旦家长发现教师说教，那些言行不恰当的教师有可能面临各种处罚，甚至被停职。同样，教师群体中，也存在不能做到为人师表的教师，常有新闻报道发生在校园里的骇人听闻的事件。

平安校园智慧项目，是为应对校园安全事件，与广大中小学校联手建设的项目。该系统融入"家校通技术""行为智能检测报警技术""IPC 监控技术"和"GIS 报警联动技术"等多项技术，可将 110/119/122 报警指挥调度、远程可视图像传输、远程智能电话报警等有机联结在一起，实现对犯罪实施和火灾发生实时联动报警，犯罪现场远程可视化及定位监控，同时指挥调度等功能。该系统能够将校园安防从"事后控制"向"事前预防"转变，全面增强学校、家长和学员的安全感。

该系统采用两级级联架构，在市建设一级平台，负责对整个系统进行管理；在区县建设二级平台，负责对各区县的学校进行视频监控系统的接入、管理和调度。在市、县建设两级监控中心，负责对辖区内的重点视频监控点进行监控，学校设立自己的监控中心，负责对学校内所有视频监控点进行监控。

整个系统和公安系统对接，确保出现紧急事件时公安部门能够在第一时间得到通知，同时可以便捷调取视频资源。系统还可以接收消防报警信号，实现与消防系统联动，实现基础性的工作协作。同时，在此基础上增加区块链认证将为师生提供更全面的保护措施，重点体现在以下几方面。

首先是认证上链，配合互联网法院，借助联盟链架构和生态内多方节点共同维护，以区块链结构存储数据，保持证据一致，防篡改、防抵赖，借助密码学的相关技术确保证据传输与访问的安全性。

除了电子证据存证，还搭建了"一链两平台"的智慧信用生态体系，广泛融合各合作机构的司法信用数据。借助去中心化、自治性的区块链技术，建立更加公平、透明、安全、高效的数据互助机制，避免数据孤岛现象所带来的数据误差、信息冗余问题，使得这些数据能以一种得到大家认同的方式呈现，尝试服务网络司法治理，并让治理更加"智慧"。以前由于缺乏信任，生态间的各成员距离较远，但有了区块链之后，生态变得更加聚合了，并结合原有功能，配合当地机关进行有效管理，解决了"老师怕学生，学生怕老师"的问题，让师生关系通过智能合约得到优化。

智慧校园建设和教师信息技术的应用能力得到了教育界的广泛重视。随着时代的进步，智慧校园建设将更深入，教师信息技术应用能力将得到进一步提高。

## 12.2 区块链电子处方已来

**案例：浙江省邵逸夫医院**

随着信息技术的发展，医疗机构逐步推进了病历文书的电子化。不过电子病历仍由各家医院分别管理和保存，因为电子病历事后验真、取证成本高，难实施。患者获得本人医疗记录和看病诊断历史数据不便捷。

随着新兴技术及新基建的迅猛发展，数字化进一步重构医疗体系，从效率提升趋向医疗智能。2020年12月24日，浙江省第十三届人大常务委员会第二十六次会议通过了《浙江省数字经济促进条例》（以下简称《条例》），《条例》鼓励有关部门依托物联网、区块链等技术，在医疗、药品监管等重点领域推行监管智能化应用。

2021年1月26日，浙江大学医学院附属邵逸夫医院（以下简称"邵逸夫医院"）顺应改革大势，联合数秦科技在电子病历与科研平台领域展开区块链技术赋能项目合作，上线区块链医疗应用，选择更安全、更便捷的全流程区块链医疗管理解决方案，全面实现从手术医生书写手术记录、Attending 医生审核、到电子病历归档等的全流程上链，数据通过数秦科技的保全链同步到杭州市互联网公证处和互联网法院等司法机构，实现电子病历电子证据固化（见图12-1），开创医疗数字化新篇章。

图 12-1 电子病历同步至公证处

对患者来说，病历上链能使患者本人成为个人医疗数据的真正掌控者，有助于进一步保护患者的个人隐私，提高患者使用医疗数据的自主性，推动实现居民医疗信息的共享和医疗的去中心化。

邵逸夫医院作为区块链使用的先驱者，以"智慧医院、互联网+医疗健康、全民健康"的口号，希望运用先进的科学技术手段，提高医院本身的实力和患者体验。从管理角度来说，医生可以浏览操作日志，管控每一个环节；从院方角度来说，病历事后验真，可以降低取证成本与实施难度；从病人角度来说，能够满足患者实时查看病历的需求。

通过建设科研数据管理系统，邵逸夫医院解决了实验室仪器电脑之间数据分散和数据留档存真等难题。在整合分散数据的同时，邵逸夫医院选择性地对关键数据进行上链，使其可溯源追踪，且学生上传的每一份文件均能留档管理查询。与此同时，简易化的文件管理操作优化了学生和导师间的工作协同性，提高了实验室的整体工作效率。不仅如此，该系统建立的数据结构标准，包括数据间的内在联系，便于后期的数据修改、更新、扩充、上链，保证了数据的独立性、可靠性、安全性与完整性，减少了数据冗余，加深了数据共享程度，提高了数据管理效率。

杭州市卫健委积极贯彻落实省委"152"数字化改革、省卫健委"1314"数字化改革和市委"数智杭州"工作的总体要求，坚持需求导向、问题导向、目标导向，围绕卫生健康事业发展最重要的核心业务，从"场景化"多跨协同业务切入，应用系统分析 V 字模型持续迭代，推进"任务定义—核心业务梳理—流程再造—架构设计—综合集成—界面设计—制度重塑"7 个步骤，为每项改革任务找准"小切口"，初步设计"实战实效、管用好用"的应用场景，以点带面、梯度推进，建机制、强协同，实现"大牵引"，撬动重大体制机制改革和系统复杂问题解决。同时，每项改革任务均构建了指标体系、工作体系、政策体系、评价体系，从宏观到微观，从定性到定量，全方位、系统性精准把握每一项任务、每一个领域，协调各方按照"115X"基本架构，全面推动数字化改革各项任务高质、高效落地。

## 12.2.1 总体目标

围绕建设高质量、竞争力、现代化数字健康目标，统筹运用数字化技术、数字化思维、数字化认知，持续更新全民健康信息化建设成果，拓展医药卫生体制改革成效，全力推进卫生健康数字化改革，打造一批适合多部门、多条线、多场景的综合应用，谋划一批标志性易感知的应用场景，把数字化、一体化、现代化理念贯穿到卫生健康体制机制、服务体系、方式流程、手段工具等方面，从整体上推动卫生健康服务与治理的质量变革、效率变革、动力变革，实现卫生健康整体智治、高效协同，有效推动全市医疗卫生事业改革的不断深入和高质量发展。

## 12.2.2 总体架构

为积极贯彻落实全省"152"数字化改革、省卫健委"1314"卫生健康数字化改革和"数智杭州"的总体要求，杭州市卫健委成立了数字化改革领导小组和工作专班，设计并提出杭州卫健数字化改革总体架构，建设全市卫健数字化改革"杭州健康大脑""创新场景"和"总门户"，打破系统壁垒、数据壁垒，促进组织、流程优化和制度重塑，实现卫生健康整体智治、高效协同，全面推进卫生健康治理体系和治理能力现代化，推动数字化改革开好局、起好步，力争取得更多标志性应用成果、理论成果和制度成果，全力打造数字化改革示范区和典型样板。

整体架构主要包括四大部分：

**1. 杭州健康大脑**

（1）云服务。

依托市政务云、省卫健健康云，为市卫健各业务应用及场景提供云服务，积极推动各系统上云、用云，为全市医疗卫生系统数字化改革提供全面、稳定、安全、高效的基础支撑。

（2）市卫健大数据平台。

引入规范化的医疗健康大数据理论体系，在前期积累的建设成果基础上，构建一个集医疗健康数据中心、数据资产管理、标准与数据综合治理、智能数仓为一体的，标准、全程、高质、智能的医疗健康大数据平台，打破数据壁垒，促进医疗健康数据共享、互联互通与数据智能应用。

（3）5类多个数字化业务应用系统。

在全市医疗卫生行业围绕整体智治、数字政府、数字社会、数字法治、数字经济五大领域开展数字党建、慢性病医防融合、医疗行业监管、健康云地图、名老中医矩阵、公立医院绩效考核、影像云网融合、卫生监督与执法、中医药产业平台等一系列业务应用系统，全面在卫健领域落地各类数字化业务的应用。

**2. N个数字化改革典型场景**

慢性病医防智能融合、舒心就医、智慧监管等一系列数字化改革典型应用场景，通过创新场景应用，促进跨部门、跨组织业务协作、数据协同、智能化应用与智能治理，探索并逐步优化业务长效运行机制，打破机构、组织壁垒，突破数据壁垒，促进管理优化提升与制度优化重塑。

### 3.1个卫健数字化改革总门户

通过卫健数字化改革总门户，一方面实现与省级数字化改革任务之间的联动、协同和一体化；另一方面实现对全市卫健数字化改革工作进展及成果的可视化展示。

### 4. 理论体系和制度规范体系

通过建立并逐步优化政策保障体系、标准规范体系、组织保障体系、网络安全体系，为全市数字化改革提供全面体系支撑。

## 12.3 智慧门锁云平台引领住房租赁智能化

**案例：区块链智慧门锁**

随着城市外来人口的增加，出租房屋的市场需求规模逐渐扩大，其中合同不规范漏洞、租房信息更新滞后、信息壁垒等问题愈加显著。如何保证住房租赁市场健康发展，成为当下住房租赁市场中不得不去深思的一个问题。

公租房作为城市新就业职工、产业园区引进人才等"夹心层"的租赁首选，聚居了一部分城市流动人口，并面向本地户籍但无住房或年收入较低的家庭开放申请，有效解决市场传统公租房转租、私配钥匙、房租拖欠、住户沟通反馈滞后等问题。

大部分人都曾使用过智能门锁，但是由于目前智能门锁行业水平参差不齐，协同方面较差，无法实现高效智慧联动，使得不少消费者并不能切实感受到智能门锁带来的便利。

根据公租房智能化解决方案，可以采用区块链、人工智能、物联网等新兴技术，结合公安、住建部、房东（业主）、租客和房产中介在房产租赁、交易中存在的行业痛点，通过"人工智能门锁+手机应用软件"的方式打造智慧门锁云平台，打破数据信息孤岛，将传统租房手续在线化，助力住房租赁市场转型升级。

该方案的优势在于可以摆脱传统房户钥匙的弊端，采用身份证识别、手机动态码、区块链核验等技术设置智能门锁，以身份证等作为身份识别的依据，采集数据实时上链，防止人为修改，从而提供安全的、便捷的人员通行。此外，还利用区块链技术智能化管控水电表，将智能门锁系统与智能水电表系统数据上链传送至 App 端与公租房管理系统，集中了解所有设备的运行状态和数据反馈，让用户参与全盘掌控，并进行分级审核、严格监管，更进一步管理好公租房。

基于区块链的智能门锁通过"代码芯片一体化"的结合方式，解决了门锁身份及验证的安全性问题，同时将门锁钥匙当作房产或者租房的有效凭证（见图 12-2）。基于区块链分布式存储的特性，全世界多个节点随机验证，开门的时候由哪一个节点负责是未知的，也不可能一一去破解，从而使得门锁的安全性大大提高。同时，智能设备是重要的数据采集器，区块链技术使得智能设备数据可溯源且不可篡改，这些数据可成为出租房的资产信用评估，为获得银行贷款等金融服务提供凭证，这在多方合作、社区管理等场景下特别有效。

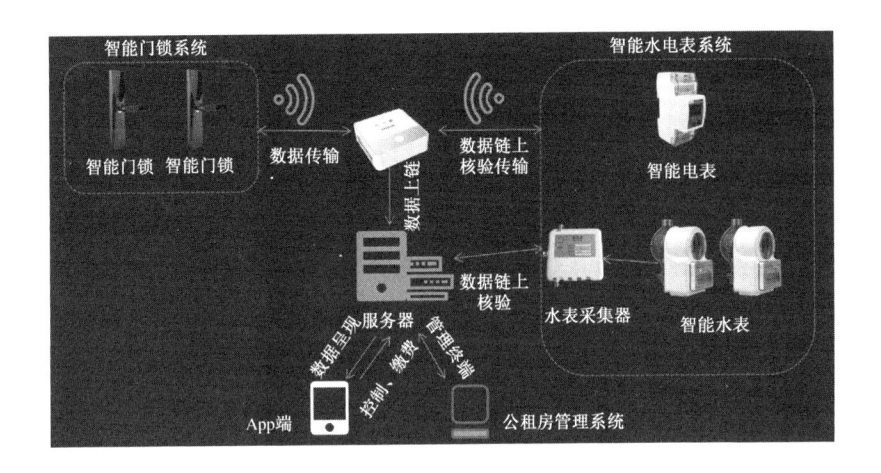

图 12-2 智慧门锁工作流程图

## 12.4 区块链助力养老产业

人口老龄化是中国的一大问题。近年来，中国智慧健康养老产业规模也在持续快速扩大。2019 年，中国智慧健康养老产业规模近 3.2 万亿元，近 3 年复合增长率超过 18%，到 2020 年，其产业规模已突破 4 万亿元。

在目前众多行业和企业面临结构调整、新常态、经济新动能增长的情况下，老年人个人信息泄露、健康数据泄露、检测数据错乱、跨区跨机构服务困难及数据临床业务脱节等问题，成为这一产业的难题。缺乏标准化的、严谨的、完整的、连续的健康记录是引发这些问题的主要原因，造成养老机构及整个医养领域和护理人员的效率低下。

智慧健康养老是人工智能、大数据、云计算、物联网、智能信息产品等新一代信息技术与传统健康养老融合而出现的新业态、新模式。智慧养老通过技术手段从远程监控、实时定位、统一平台信息交互等方面多方位打造信息化养老服务系统，满足老年人和家庭的现代化、科学化和人性化的养老需求。

"一站式"医疗健康管理服务。利用区块链技术将医院、疗养机构、医生、药品配送企业与老年患者连成一个数据网，实现线上线下互动、远程服务和可穿戴设备的连接，为老年人提供快捷的"一站式"健康管理服务。

将养老机构、医院、社区养老、金融保险等相关机构组织作为节点接入区块链网络，利用区块链技术的不可篡改、可追溯、高透明等特性，打造多方共赢的"区块链+养老"服务体系。

嵌入式社区养老护理。以家庭医生签约服务为支撑，以基层医疗卫生机构为平台，根据老年人健康状况和服务需求，分层分类设计签约服务包。通过区块链技术，由护理人员负责访问、记录和维护数据，将使护理人员可以更加确信数据的准确性和一致性，从而改善对病人的护理。

增加医养结合服务的透明度。区块链有利于满足医养结合中各方的需求表达。现实的服务过程中，与长者监护人的信息交互过于单一，而区块链能全方位满足各方的需求。

有利于监管审计。"区块链+养老"监管审计功能，具体体现为利用区块链上的存证数据进行审核审计。这种方式杜绝了养老补贴金数据造假、不正常交易等舞弊行为，从而确保基本养老金按时足额发放。

围绕老年人衣、食、住、行、医、娱等生活需求，运用区块链等新技术助力智慧养老，将为老年人提供更为便捷高效的社会化养老服务，把"老有所依"的口号落到实处。

## 12.5 "链上社区"让生活化繁为简

**案例：南京江北新区基层治理现代化**

从前，物业和社区为了征求居民意见，经常要挨家挨户跑，耗时又费力。区块链技术不仅可以让社区工作人员少跑路，还可以提高居民对于社区事务的参与度。

南京江北新区直管区共覆盖 7 个街道，获批设立之初，街道治理直面社会结构多样、矛盾错综复杂、治理力量分散等难题。互联网时代，充分利用大数据、人工智能、物联网、区块链等技术手段，是提升街道治理现代化水平的必然选择。江北新区立足简约高效、科技赋能，持续挖掘数据红利、推进数字城市建设，把科技要素融入街道治理各环节。

一方面，着力打通业务部门和各模块工作人员的数据渠道，通过整合政务数据、互联网数据、网格员采集数据等信息，并依托数据归集、分析、共享手段，为街道治理提供科学依据，探索大数据支撑街道精准治理的新路径。目前,江北新区已向街道开放了包括"人、房、企、物、视频"等在内的 196 类、超 121 万条数据信息。

另一方面,着力打造数字化治理平台,构建工作人员办事统一入口、统一代办、统一展示的工作载体。通过线上线下联动,力促全民参与、全民共享,提升街道协同治理水平,实现被动应对处置转为预测预警预防和联动处置。

网格化工作开展以来,街道可统揽各项服务、整合资源,推出了区块链小程序"链通万家",使区块链走进普通居民生活,拉开"区块链+社会治理"的序幕。

使用"链通万家"后,一些成立业委会或者公共事务的决策投票中将会变得更加便捷。居民对投票的过程和结果,也会产生更多的信任,这是由于区块链技术杜绝了暗箱操作的可能性。后期,区块链技术可能在更多的物业服务、智能监控,包括出租房屋、备案登记管理方面发挥更大的作用。

利用区块链在"链"上投票,这样的投票更加灵活,表决过程更快,并且从申请、表决、使用、结算全流程监管。街道和社区每年都会涉及小区公共收益、公共维修基金、公摊水电费,以及物业费等大笔金额资金。小区资金监管具有总资金量大、制度庞杂且多变的特点。对于资金的使用也存在流程烦琐、门槛高、表决难等问题。因此长期以来,维修资金容易"躺"在账上睡大觉。利用区块链分布式记账的特性,实时公布小区费用收支情况和其他通知公告,可以保障居民的知情权、参与权和监督权。

深化街道改革、提高现代化治理能力,关键在理顺体制机制,把机制改得更精简、运转改得更高效。南京江北新区充分发挥在制度创新方面先行先试的优势，强化顶层设计、强权赋能、资源下沉，逐步探索出了"大职能、宽领域、少机构"的街道改革新路径。

区块链技术的运用，是保障群众当家人权利、理好群众家事、管好群众家底的一次成功探索，也是立足新发展阶段、贯彻新发展理念的一次重要体现。随着新技术创新基层社会治理的日趋成熟，今后将会有更多的应用场景和实践落地。

区块链是新一代的分布式数据账本技术，将改变传统数据的存储和记录方式，具有透明可信、防篡改、可追溯、去中心化、多中心等特点，区块链上的数据天然就是大数据，因为它具有几乎无限的扩展能力，链上的数据在加密的同时又不受制于任何一方，因此数据具有很高的可信度，被视作构建信用传递互联网的基础设施。可以肯定，区块链技术作为我国未来的一项重要战略，将会使人与人之间变得更加有信，政府管理变得更加公正，社会变得更加美好。

"链"上生活，造福百业，区块链在应用落地上的创新，将为美好生活蓄势赋能。

## 第四篇

# 星辰大海

## 展望与可能

PART FOUR

# 第 13 章
# 数字化改革的社会化辐射：畅想 2035 年

## 13.1 不远的将来，我们将如何生活

人类总爱展望未来。尼古拉斯·尼葛洛庞帝在 1997 年畅想过信息技术发展之后人们将怎样生活。他曾预言，媒体世界将改头换面，电视机被当作收费亭，而"计算不再只和计算机有关，它决定我们的生存"。

新世纪开始后的二十多年间，人们不断为新事物下定义，又不断打破认知、重新定义——网络改变了一切。过去我们向电视台交费，电视台为我们转播节目，观众能看到什么完全由电视台安排。但现在，随着互联网的发展，网络电视、网络视频内容分发平台改变了观众对电视机的看法——观众可以在任意时刻点播，订阅自己喜欢的内容并为之付费，而内容平台的算法会根据你的收看偏好不断推荐同类型的节目内容。由于互联网成为数字媒体传播的主要载体，电视机不再是视频节目播放器的代表，而是沦为一块高清显示屏，甚至很多家庭不再购买普通电视机。可以说，智能电视与智能手机和计算机的界限越来越模糊。

我们这一代人出生于尼葛洛庞帝萌发畅想的年代，见证了信息社会的高速发展，见证了他所想象不到的技术发展。当下的我们不禁要问，不远的将来——也许一二十年后，我们将过上怎样的生活？衣食住行会发生怎样的变化？

### 13.1.1　虚拟试衣、定制生产，彰显个性品位

移动互联网让网购成为主流消费模式。过去的消费者在商店先试后买，网购时代的消费者先买后退换。日渐完善的消费者保护政策和发达的物流配送网络让退换货变得十分便捷，但快递包装和密集运输却给环境造成了不小的压力。数据显示，衣物不合身一直是线上消费者退货的首要原因，服装的网购退货率甚至高达40%，被退还的货品占据零售商年成本的三分之一。于是，融合了VR和3D演算技术的虚拟试衣产品应运而生。然而产品在面世初期得到的反

馈并不理想，无论数据精准度问题还是个人隐私数据的顾虑都无法让用户获得良好的体验。

但是，在数字化高度发达的 21 世纪 30 年代，虚拟试衣打开了在线逛街的新天地。服装设计的数字化软件为设计师提供了 3D 效果呈现和修改快捷键，样衣制作环节融合 3D 打印技术，使得衣服的尺寸能够精确计量并批量化生产。在杭州的智造工厂里，服装的颜色、尺码、图案都可以自由定制，消费者甚至第二天就能在电商平台买到成品，而过去服装行业只能达到 1000 件起订、15 天交付的生产效率。

此外，手机或某些带深度摄像头的穿衣镜能够准确捕捉消费者的体型，更精确的尺码标准和形体测量确保消费者在线试衣的效果与现实如出一辙。更奇妙的是，在 6G 商用的年代，触觉信息已经能够通过网络实现传递，消费者甚至可以感受到虚拟试衣的面料触感，这使虚拟环境下的"买前试穿"成为现实。

当数据成为最核心的生产要素时，商业模式的形成也必然基于数据智能的全新模式，拥有巨大的潜力。对于服装产业而言，传统的生产制造流程已经变成一个生产后台环节，中台是数字业务，前台是品牌和客流。个性化的需求增加了，服装定制改变了行业格局。隐私保护下的个人身材数据经过准确的行业大数据分析，针对不同款式、颜色、尺码的定制化生产让企业生产运营效率变得更高，不仅使商品周转率和细分市场销量显著提升，消费者的个性品位也得到了充分彰显。

## 13.1.2 从田野到餐桌，数字化革新第一产业

农业面对着许多未知因素和风险。作为行业变革的助推器，人工智能、大数据、物联网这些看起来高大上的数字科技，已慢慢渗入田间地头。通畅、透明、可信的农产品流通体系能够提高农业生产活动中各参与主体间的协作效率，提高农业生产效率，促进数字农业发展。

### 1. 生产种植：机械生产、科学种植

科技公司采用数字化解决方案来提高生产力，为广大农民提供了精准农业的解决方案和新服务。卫星不仅能预测天气，还可以为农耕机器人导航。无人驾驶的农耕机器人能够根据精准测量的土地图形，通过路径规划完成农地农田的各种工作。工程师根据农业历史数据设计出了适合播种的飞行器，以及能够日夜持续工作的犁地机器人、收割机、农产品采摘机等，农业规模化发展的优势得到了充分利用。

自动灌溉只是最基础的配置。在种植环节，土壤、空气、温室等多个区位被安装上传感器，实时监测农作物生长的环境，可以帮助人们发现植物病害、营养不良和病虫害。AI 传感器可监测并分析杂草，从而使农民知道应该在哪个区域使用哪种除草剂，减少除草剂用量，进而降低作物吸收过量除草剂的风险。

在"中国蔬菜之乡"山东寿光的数字化蔬菜工厂里，菜农变成了在"智慧大棚"里种蔬菜的"流水线工人"，虽然工人们的劳动

强度大幅降低,但农作物产量却提升了近 4 倍。

### 2. 供应链流通:提升效率、降低风险

根据麦肯锡数字化咨询部门的分析,在流通环节,人工智能的预测可以将供应链中的错误减少 50%~70%;准确性的提高可以将缺货导致的销售损失减少 65%,仓储成本减少 10%~40%。智慧供应链可以实现实时监控物料流,提醒潜在风险并提高供应链环节参与者的反应速度。利用机器学习、物联网设备、自动化和区块链技术,农业食品供应链可以提升从种植端到消费终端的产业供应链效率,大大降低不确定因素带来的风险。

精确的供应链数据为农机农具、农业原料生产者、农产品种植者等供应链上的服务者提供了更好的营商环境。为什么呢?因为准确、实时的信息为产业链环节参与方提供了重要的决策依据,生产资金能得到更高的利用,经营风险可以得到预判和控制。即便生产者需要向外部申请贷款,相对透明的供应链信息能够成为银行信贷模型分析的数据来源,帮助生产者顺利获得外部资金。

### 3. 消费端:买得放心、吃得安心

对于消费者而言,大部分可见到的农产品都有一个独特的二维码,用手机扫一扫便可以看到它的原产地、种植过程中的化学品添加、包装加工情况等,更方便了老人、小孩、孕妇、过敏者等对食品安全要求高的消费者进行精准识别。

在"中国乳都"内蒙古呼和浩特,数字赋能后的牧场景象令人赞叹,一头牛吃下多少饲料,与远在城市里的你每日喝下多少毫升牛奶有关,也能够紧密关联、数据"同频"。

区块链凭借其分布式存储、不可篡改和可追溯等特征，通过与物联网、大数据、云计算、人工智能、5G等技术有效结合，解决了数字农业发展过程中面临的农产品质量安全、农产品产供销及农业保险信贷等难题，为数字农业的发展保驾护航。

### 13.1.3 智慧建筑升级城市建设和生活

#### 1. 数字化设计：数字模型提升协同效率

通过BIM（Building Information Modeling，建筑信息模型）技术，所有设计将以3D形式呈现，使用历史数据和预测来改进项目，并以最有效的方式规划整个过程。数字化可模拟全过程，包括协同设计、虚拟生产、虚拟施工、虚拟交付都呈现在全数字化样品中。最终交付的是设计模型、施工和商务方案的数字化样品，涵盖所有信息，可实现管理前置控制、方案合理可行、商务经济最优和产品个性需求的满足。

住建部门通过将建筑数字档案系统进行区块链改造，登记建设项目的数字设计模型，不仅有利于监管部门评估项目方案的各项指标是否达到要求，更为后续质量监控管理、验收认证提供了翔实的管理依据。

#### 2. 数字化建造：更高效地装配，更精准的工艺

不远的未来，人们不仅能将装配式建筑广泛应用于工程中——多层建筑像搭积木一样快速、标准地拼装起来，而且采用数字建造的方法，通过数字化、在线化、智能化的技术手段解决建筑施工特

点所带来的诸多工业化难题，使建筑建造过程的精益水平达到工业级水准。

自从澳大利亚推出砌砖机器人 Hadrian X 以后，数字化建造技术与装配式建筑迅速融合发展。利用计算机控制机械臂进行工程施工，不仅工作效率是人工的数倍，而且能够克服限制、24 小时连续作业，只需一两天就能建好一座房子的基础结构。机器人不仅速度快，还可以看懂图纸，能通过 3D 扫描技术，精确地计算出每一块砖头或木条的位置，使接缝摆得分毫不差。

在数字化建筑全生命周期管理系统的支持之下，建筑的开发效率极大提高、建设周期缩短：在设计阶段，全专业协同设计消除图纸错漏碰缺、设计深化一体化解决，设计阶段试下虚拟建造，设计效率提升 50%；在采购阶段，一键采购报价，提高采购效率，实现信息化互联网招标；在生产阶段，设计、采购、生产数据一体化，优化产能安排，实现全过程信息化管理；在装配阶段，部品部件全过程信息化追溯、运输与现场装配动态管理提高效率，施工工期缩短 50%～70%；在运维阶段，设备运营管理更精准、功能规划更合理、整体建筑可持续[1]。

数字化建造平台成为一个覆盖建造领域生产场景全链路、核心管控全流程和智能决策全视角的"一站式"服务平台，通过云计算、大数据、物联网、5G 等技术的有机融合与深度协作，借助全域数据、行业标准、制度规范、管控引擎四位一体的有机结合，实现建造类企业实时感知、动态控制和智能化决策的标准化服务平台。

---

1 周媛，龚康忠的文章《数字浪潮下，建筑产业会成为下一个风口吗》。

### 3. 数字化服务：更健康、更安全的生活环境

建筑空间承载着人们在其中的生活、工作、休闲等一系列活动，围绕这些需求，为人们提供一个更便捷、更健康、更安全的环境，是建筑数字化的重要方向，比如智能新风系统、健康环境物联网系统、智能家居、智能安防、智能照明、EFOS 物联网系统、智能楼宇等。

比尔·盖茨的住宅被大多数人认为是第一个使用智能家居的家庭，其在著作《未来之路》中首次提出物联网概念，当时智能家居被认为是万物互联的最佳实验地。建筑物内安装的多种摄像头、传感器为建筑安防保驾护航。住户用手机远程控制家电的场景在 21 世纪的第一个十年就已经实现。全屋智能家居支持根据情景模式进行个性化设置——比如，不同时间段设置不同的照明颜色，下雨时可以自动调节窗户开合，你可以根据到家时间控制自动炒菜机，让其开始工作。随着人工智能技术的成熟，智能家居将最终实现无感化、主动化，即自动实现场景分析、活动状态分析、故障率分析，并自动做出合理反应，记录保存相关操作习惯，完成智能家居由"智能"向"智慧"、由被动向主动的转化。在你享受科技便利的同时，也不必担心隐私数据安全问题，因为工程师们早已用区块链技术和隐私计算的方法解决了人们的顾虑。

建筑及建筑设备实现物联网不仅让住户体验到智能家居，也让小区管理更加智慧。通过为小区内的供配电、给排水、消防、电梯、中央空调等系统上安装数据采集点位，物业能轻松地对相关设备的运行参数、运行状态、故障状态等关键信息实施 24 小时远程监测预警。系统每 5~10 秒进行一次远程扫描智能巡检，替代了过去数小时也未必能完成的人工日常巡检工作。此外，服务机器人作为高度集成

化的人工智能产品也大量地应用到住户服务中，如安保机器人、酒店服务机器人、清洁服务机器人、管家型服务机器人等。

到 21 世纪中叶，"旧城改造"的重点项目是绿色节能建筑。绿色智能建筑的外墙、内墙及装饰广泛采用具备传感器的新型材料，这些材料一方面提供结构、保温、光环境、空气循环及空气净化、装饰等功能作用，另一方面也动态采集和上传每个位置点的环境质量信息。由"新型材料+传感器+动态监测"及控制系统，以及外联的楼宇自控系统、智能照明系统等共同组成的系统仿佛是建筑物的"呼吸系统"与"皮肤"。工程师通过人工智能算法并根据实时获得的建筑物外墙及里面的传感器的数据，对空间环境状态的整体情况和局部情况进行分析判断。当出现环境质量变化尤其是可能影响人的工作、生活时，系统将发出预警，并启动相应的预案来调节环境，从而提供一个持续健康、舒适温馨的空间环境。不仅如此，绿色建筑的材料和控制系统设计在节能方面有着显著优势——高温下建筑物外遮阳帘展开，系统可以通过温度检测来进行吸热储能，甚至将其转化为电能。

## 13.1.4 更立体、更智驱的城市交通

### 1. 自动驾驶迈向成熟

不远的未来，智慧城市的"大脑"将变得更加聪明。算法对城市交通的影响将不仅仅体现在捕捉违规行为和控制交通信号灯上。无人驾驶技术将日趋成熟，忙碌的白领无须再花费时间在找泊车位和停车——只需抵达目的地后下车，停车的问题交给车自己。如果

车主把自己的车共享为网约车，在无须用车的时刻，车辆会自行在马路上接单并获得报酬。

与自动驾驶车辆的环境感知系统类似，激光雷达、毫米波雷达、摄像头等环境感知传感器及高速发展的神经网络技术也广泛应用于航空飞行。空客公司已经实现了基于视觉导引的自动着陆系统。它通过收集千万次起降图像数据训练深度神经网络，将计算机视觉结合深度学习完成了跑道的识别，并计算出了下滑跑道信息，进而完成了自动驾驶仪的自动着陆。

随着电池技术、自主飞行技术、感知和避障技术、定位和导航精准度等几项核心技术突破，自动驾驶成为城市交通发展的重要变革因素。当空中短途飞行的无人机和电动垂直起降飞机开始广泛应用时，地面基础设施建设完毕、全自动驾驶和机群管理的发展有望彻底改变城际和城内的交通方式。

### 2. 城市空中交通计划

随着无人机安全性与智能化水平的不断提高，以及更加智慧高效的城市空中立体交通体系的构建，无人机将拥有更强的自主决策能力、感知与避让能力、抗干扰能力，无人机物流在高楼耸立、人流密集的大城市里运行将不再是幻想，水陆空立体规划无疑是未来的城市模型之一。

经过十多年的发展，MVRDV 项目[1]规划的城市空中交通（UAM）计划成为现实。城市通过建设"垂直港口"，以较低的成本实现了

---

[1] 由 Winy Maas、Jacob van Rijs、Nathalie de Vries 等于 2018 年打造的城市空中交通设计项目。

航空网络与地面运输系统整合的着陆枢纽。垂直港口并不似传统的运输站——车站或码头一样有着明显的建筑群和各种标识，它可能只是一个平平无奇的楼顶或一个稍显空旷的大阳台。此外，与火车、地铁、公交车等其他城市交通方式不同的是，城市空运的网络不需要铺设轨道、隧道或道路，这大大节约了能源和土地资源。城市交通规划人员可以将垂直港口调整到各种不同的位置，以多种不同的配置插入并提高现有的城市通行效率。

成熟的垂直港口网络可用于连接城市和偏远地区的贫困地区，而无须昂贵的基础设施。甚至在从未开发过大规模地铁、高铁系统的城市中，也可以直接建立这种短途空运和公路运输接轨交通网络，为新城市或村镇提供吸引新经济机会所需的无障碍环境。这种运输网络的应用，可以大大缩短紧急响应时间，为运送血清、疫苗等救命物资提供生命通道。随着绿色新能源的推广使用，城乡间运输瓜果、快递的成本也进一步下降，乡村时令蔬果以更快捷的方式被运送到城市各地。此外，教育资源分布不均、儿童受教育机会不平等的问题也能够因为交通条件的改善而得到妥善解决。

随着城市交通的多样性增加，城市发展、城乡一体化发展的规划也能够更充分地实现。早在 21 世纪初，北京、上海这样的超级大都市，便着手规划通过建立隔离带、卫星城，或者调整城市功能区，改造旧城、建设新市区等方式，形成城市新的增长极，从而实现大都市的可持续发展。城市空中交通的兴起解决了城际短途通行的问题，通过提供一种全新的出行方式疏解了城市的交通压力。城市实现了从单中心向多中心的转变，各个区域可以进行功能的定位，形成优势互补、相辅相成的多个经济社会活动中心，从而进一步增强城市综合承载能力（见图 13-1）。

单中心　　　　　　　　　　　多中心

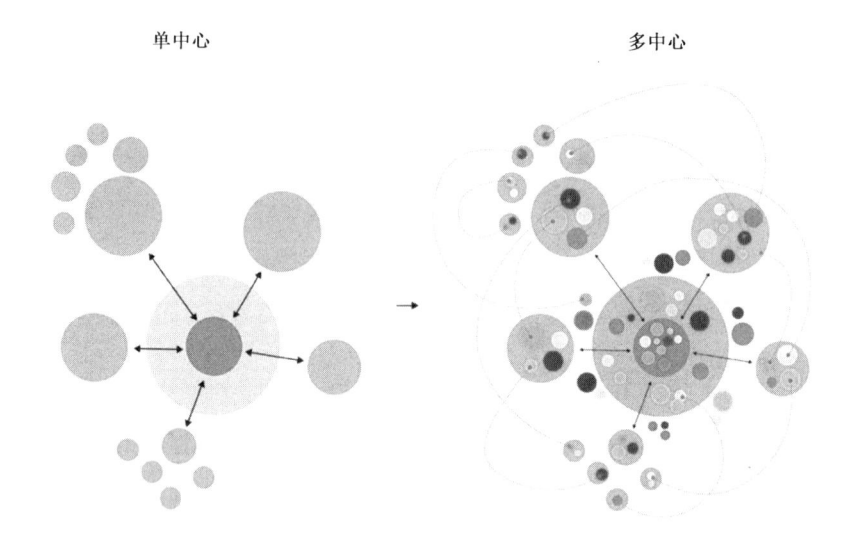

图 13-1　城市中心区的转变

## 13.1.5　数字化提升健康管理和医疗水平

近年来，人工智能等数字科技正助力完善我国医疗服务体系，医疗 AI、基因疗法、免疫治疗等，正在深刻地改变着人们的生活。医疗行业对数据隐私性、保密性要求高，区块链技术亦必不可少。数字医疗基于人工智能、大数据、区块链等技术，将患者、医疗机构、药品相互连接，实现医疗服务数字化、信息化，可以用于提升医疗服务效率、改善医患关系、完善药品管理、降低服务成本等。

### 1. 辅助医疗

互联网医院与实体医院合作，病人不仅可以在手机、电脑等终端进行预约挂号和相关咨询，还可以从互联网医院的端口进入线上问诊环节，并在完成必要的线下诊疗后，重回线上，进入诊后管理的环节。

医疗是需要通过大量经验积累提升问题解决能力的行业。机器学习能够基于很多具体案例总结出一定的规律，只有将病例以数字化形式输入，其才能被算法"吸收"和利用。因此，机器学习在诊断信息已经数字化的前提下特别有用，例如检测肺癌或中风的 CT 扫描图片，评估猝死或其他心脏病风险的心电图、心脏 MRI 图像，用于皮肤病分类的病灶图像，指示糖尿病视网膜病变的眼部图像。

单病种临床科研智能解决方案基于医疗知识图谱体系，利用人工智能对数据进行深度挖掘、提取与结构化处理，建成智能病种库，为医疗机构提供"AI+大数据"科研平台、区域性重点科研数据中心、智能辅助诊断系统等解决方案。区块链在数据跨机构传输的安全性方面提供了技术支持。

### 2. 提升药物研发效率

药物研发的数字化变革也非常突出，人工智能已经被成功运用到药物研发的四个主要阶段。

阶段一是确定药物的干预目标。药物研发的第一步是了解疾病的致病机制及其耐药机制，然后必须找出治疗疾病的靶点（通常是某种蛋白质）。高通量技术的广泛使用，大大增加了可用于发现可行靶点的数据量。然而，如果使用传统技术来整合大量且多样化的数据，然后寻找其中的相关模型，不仅困难而且耗时。相比之下，AI 能够更容易、更高效地分析所有可用的数据，甚至可以学会自动识别合适的目标蛋白质。

阶段二是发现候选药物。接下来，需要找到一种化合物，让它能够以所需的方式与选定的靶点蛋白质相互作用。这涉及筛选成千上万的潜在化合物，以确定它们对靶点的影响，以及脱靶的副作用。然而，目前的软件得出的结果往往不够准确，会给出许多不正确的结论。因此，要选出最适合的药物（先导物）需要很长时间。AI 能在这方面提供帮助：根据分子结构和分子属性来预测化合物分子的适用性，在此基础上与数以百万计的潜在分子一一比对，从中筛选出最佳候选者，因而可在药物设计上节省大量时间。

阶段三是加速临床试验。要找到合适的临床试验候选者有一定难度，但如果选择了不合适的候选者，就可能延长试验时间，而且可能增加试验费用。AI 可以通过自动识别，将合适的候选者与不合适的候选者区分开来，确保试验参与者得以正确分组，从而加快临床试验的设计过程。AI 还可以作为临床试验的早期预警系统，使研究人员对偏离方案的试验更早进行干预。

阶段四是寻找诊断疾病的生物标记物。生物标记物可用于诊断——尽早识别疾病；风险评估——识别患上某种疾病的风险；预后——预测疾病的可能进展情况；预测——药物能否对患者起作用。

### 3. 提升医疗的精度

通过芯片可以进行微观识别，并由智能手机终端以数据宏观进行反馈。以色列理工学院的研究者设计了一款癌症呼吸检测器，他们把一排 40 颗的金纳米粒子作为电极附在已知有机化合物的分子层上，将它作为传感器；当这些粒子接收到个人的呼出气体样本后，软件会自动按照模板进行分析。此类智能手机呼吸传感器采用微电子学技术来模仿犬类出众的嗅觉能力，还处于测试阶段，它将用以量化与特定疾病相关的其他代谢物质，比如检测呼出气体中的一氧化氮，用以诊断哮喘病。由于可穿戴敷片上装有植入皮下的显微操作针或是附在皮肤上的电化芯片,"芯片实验室"不仅可以应用在智能手机上,还具有分析化学物质(如汗液中的乳酸盐)的能力,其产生的实时数据可通过智能手机读取。同理,我们可以利用隐形眼镜接触泪液可量化血糖,从而反映血流中血糖指标的水平,目前研究人员正在评估其在无线智能手机中传输和读取的应用功能。

过去,医生只能根据医学影像和经验预测实际手术中遇到的情况,在手术时需要见机行事。如今,通过先进技术,医学影像可以直接导出数据,利用3D打印机逐层打印。医生或科研人员也可以通过扫描或宏观数据输入完成建模,通过3D打印为患者量身打造尺寸适配的手术部件。将微观层面的数据以数字化的形式凸显,能够更好地实现精准医疗。

### 13.1.6 数字化让城市更美丽

**上海:国际数字之都新样本**

在迈入21世纪第二个十年之初,上海便取得了举世瞩目的成就——2500万在沪人口,600多万辆汽车,217万家企业,12万千米地下管线,1.5万幢超高层建筑……城市生活有多丰富,城市治理就有多复杂,让2500万在沪人口安全舒心地工作和生活,堪称世界级难题。尤其在疫情挑战了全球公共卫生系统之后,更是扰乱了现代城市的治理模式。上海的管理者很早就意识到,只依靠人海战术和传统技术手段,必然是"看不清楚、管不过来、处理不了"的。所以,城市治理要运用现代科技手段,建设超级城市大脑,把城市全面数字化,从海量数据资源中及早预见潜在风险,尽早应对。

上海早就以"一网统管"为引领,开启了一场超大规模的智慧城市创新实践。在管理理念上，城市居民被看作"用户"，"城市管理和服务"被看作"产品"；在组织设计上，首创城市运行管理中心，设计了城市、区、街镇三级架构。通过市城运中心"一网统管"平台大屏，从"水电气"的负荷用量到交通实况拥堵路段，从城市环境实时指数到具体事件的处置流程等一览无余。反映"城市运行体征"的数据有 1700 多项，每 5 秒自动刷新一次，能帮助工作人员第一时间发现城市运行中的风险和隐患。比如，进博会期间大客流人群会触发预警，孤寡老人家的燃气泄漏也会有系统警示。市城运中心致力于线上第一时间发现问题，并紧密协同线下迅速处置。

**浙江等多地打造"零证明城市"**

在城市大脑指挥城市各项事务运行之时，就像"上帝视角"对城市中发生的一切了如指掌一样。在这种情况下，当市民或企业前往办事大厅办理事务时，如果还需要证明"我是我"或者以其他机构出具的证明支持，这个流程就显得太过冗余了。21 世纪中期的人们可能已经无法想象，过去人们还需要繁杂的证明手续才能交易房产或是证明自己的信用等级良好。正式进入 21 世纪的第一个十年，政府开始利用数字化技术推广"最多跑一次""零证明城市"，为市民和企业办事提供便利。

"最多跑一次"的理念是指市民和企业去政府机关、公共事业单位、服务机构办事，能够在相关窗口一次办理完毕。而"零证明城市"是居民办事无须提交需要自己跑腿去开具的证明材料。不过"零证明城市"不是说完全不需要证明，而是一些证明无须由办事企业和公民来出具和提交，而是通过直接取消、数据查询、部门（单位）申报承诺等方式，让办事的部门与部门之间有更好的衔接，从而实现"零证明"办理。

依托一体化在线政务服务平台，通过规范网上办事标准、优化网上办事流程、搭建统一的互联网政务服务总门户、整合政府服务数据资源、完善配套制度等措施，推行政务服务事项网上办理，推动企业群众办事线上只登录一次即可全网通办。把政务数据归集到一个功能性平台，企业和群众只要进一扇门，就能办成不同领域的事项，解决"办不完的手续、盖不完的章、跑不完的路"的麻烦。

## 13.2 价值互联网时代，经济将如何循环

### 13.2.1 全球智造：基于分布式协作的供应链

两代后的智慧制造可不仅仅像攀钢的"钢铁大脑"这么简单。"钢铁大脑"是在智能制造和工业互联网的帮助下，用数字化系统指挥整个工厂低耗、高效、安全地运转——"钢铁用数据炼成"一度传为佳话。

随着经济全球化的深入发展，世界各国经济之间的依赖性增强，跨国公司主导的全球生产网络成为重要的生产组织模式。利用区块链智能合约这样一种无须中介、自我验证、自动执行合约条款的计算机交易协议，可灵活嵌入各种数据和资产，帮助实现安全高效的信息交换、价值转移和资产管理，最终有望深入变革传统商业模式和社会生产关系，为构建可编程资产、系统和社会奠定基础。基于区块链的分布式制造系统可采用智能合约代替传统合约，供单一用户发布订单和签订合约。同时，由于运行在区块链上的各类智能合约可看作用户的软件代理（或称软件机器人），智能合约本身即可

视为数字化的生产中介或传统分布式系统调度问题中基于代理方法的数字化，其不可篡改、自动执行的特性将有利于解决生产风险归责问题。

未来制造的范式是分布式制造模式。为了应对多品类小批量定制的复杂不确定性，制造必须具有灵活机动性、质量低迭代的高可靠性及大规模的定制成本。实时数据的控制让生产更精益、更分散。分散控制辅助系统可以将集中的目标分解，对局部快速优化，并对不断变化做出紧急灵活的反应。大型精密部件，如飞机的制造也是由全球多个供应商分布式协作完成供货，最后进行组装的。

通过区块链与 IoT（物联网）的融合，BoT（Blockchains of Things）极有可能创造数字交互新方式，成为游戏规则的改变者。链上生产，是一种分布式、开放式的生产模式。分布式智能生产网络中可组织几乎所有生产要素，使得全生产流程跟踪成为可能。以物流为线索，对各个生产环节的场景进行信息提取、处理，可以构建富有经济价值的 BoT。各环节的交易量、利润都是公开的，资本可以直接看到利润集中的产业位置，并向这些高利润环节聚集，这将极大地提高社会生产效率，促进生产资源的合理配置。生产数据、销售数据本应为社会的公共资源，可以为所有人所用，整个社会第一次有了宏观量级和微观颗粒度兼备的，可直接分析生产的大数据集合，系统将提供丰富的数据接口，以供大数据技术使用。同时，由于链上交易依赖于非对称密钥体系，在具备良好的匿名性的同时，又可以在必要时通过出示签名证明数据的归属。一方面，可以减少事务数据被审查的可能；另一方面，可以提供数据证明，比如在企业融资时，可以证明企业利润、交易量等数据的真实性。

## 13.2.2　数字资产：基于全球价值链的交易活动

区块链技术作为全球共享的分布式账本，可在传递信息的同时传递价值，在一定程度上解决了价值传输过程中的完整性、真实性、唯一性问题，降低了价值传输的风险，提高了传输的效率，像互联网一样彻底重塑人类社会活动形态，实现从目前的信息互联网向价值互联网的转变。

Token 是区块链网络上的价值传输载体，借助 Token 体系，区块链能够将所有参与者对分布式制造系统及其全球价值链的贡献量化并自动结算，给予相应奖励，使得全体参与者公平地共享系统价值增值。同时，由此催生的"Token 经济""共享经济"及"社群经济"等新兴经济组织机制也将为分布式制造系统中全球价值链的进化和治理提供更多可行方案。

在 21 世纪 20 年代初，非同质化通证 NFT 诞生了，它是较早将实物资产与数字资产挂钩的一种价值载体。NFT 是一枚不可替代的令牌，是区块链上的一个独特的数字项目，它包括多种多样的媒体类型，如艺术、音频、视频、GIF 等。基于区块链的去中心化技术，NFT 对应着区块链中的一个条目，特别之处在于，这个条目是独一无二、绝无仅有的。NFT 从根本上保证了加密艺术的安全性，人们可以不再通过机构来验明艺术品的真伪，储存在区块链上的 NFT 元数据成了最准确的验真工具。

随着"全真互联网"的高速发展，人类感官与数字世界的衔接越发无缝。越来越多的数字信息被直接定义为有价资产。因为存在独特性和防篡改性，NFT 可以记录个人信息，从而代替实体票证来证明身份。我们可以将门票制成 NFT，每张虚拟门票记录着个人的独特身份信息和座位号等，能够有效杜绝黄牛炒作。

有一个提供去中心化保险产品的平台叫作 yinsure.finance，其能避免投保人在某个智能合约上因代码漏洞和黑客入侵导致的财产损失。不同的是，该平台将每一个保单以 ERC721[1]协议制成 NFT，每一张保单都可转卖，由此形成了一个二级市场——可以理解为一种 CDS（信用违约互换）的雏形。参考 CDS 在金融市场的规模，可以想象加密市场的 CDS 产品也有广阔前景。因此，NFT 的应用可能促使加密市场诞生更多、更高级的金融衍生品。

NFT 加速了数字资产化的趋势。相较于传统资产，区块链数字资产具有诸多新优势，包括透明与可信性、加密安全性、可编程性、降低交易的成本和缩短时间、简化权利管理等，成了数字经济发展的重要基础。甚至在部分交易市场上，数字资产的直接交易未必需要法币作为货币媒介，通过数字资产的可计量性，数字资产间的物物交换就可以活跃起来。

### 13.2.3　新一代全球通信网络

5G 对 4G 的核心网结构已经普遍升级到了软件定义硬件的时代，卫星的诸多管控都可以在 SDN/NFV[2]网络里进行功能的重新定义，安排开展相关的功能应用。特别是下一代核心网会使用到人工智能技术，极大地提升核心网在处理复杂的路由形式（比如虚拟化路由）、

---

1 ERC（Ethereum Requests for Comments）721 是一种以太坊网络中的智能合约。

2 SDN、NFV 均为数据通信网络技术。SDN（Software Defined Networking）为软件定义的网络、可编程的网络。NFV（Network Function Virtualization）为网络功能虚拟化。

异构的网络形态、频率的动态分配及功能的个性化定制的能力。软件定义和虚拟化技术及人工智能技术是互相绑定、无法分离的核心网技术，这种功能的设定为非地面接入网带来前所未有的机遇。地面蜂窝接入网高密度覆盖固定范围，卫星接入网通过空分复用技术分割灵活切换的动态扇区，"天网"与"地网"相互补充，成为一体化大融合的新一代通信网络。

有了天地一体化网络，我们实现了对传统平面化的网络结构的重塑，利用卫星等具备高度优势的平台来提供网络服务，使得网络更加立体，摆脱了地理环境对网络节点的束缚，使得很多网络节点不需要围绕地表状况而布置，也不需要经过层层的网络管控，就可以更高效率地进行互联互通。比如，过去我们要想与跨洋国度建立通信连接，网络需要绕经日本的海底光缆才能实现，而现在只需要两个地面站和几个具备星间链路[1]的卫星就可以实现。过去，卫星通信不支持大数据量的传输，无法实现云计算所能提供的大数据存储和大通量的数据交换，而且带宽价格高昂，制约了面向大众和企业端的应用普及。如今，卫星完全变成了地面的网络切片，实现深层次融合，卫星的数量和通信容量大幅提升，这些技术进步为空间计算面向大众提供公共服务带来了全新的机会。

如此你就不难理解近期大热的马斯克所提出的"星链计划"了。SpaceX 公司计划在 2024 年之前完成 12000 颗卫星的发射，未来总计发射 42000 颗卫星，在近地空间连点成线、织线成网，目的是为全球偏远地区提供高速无线网络。

低轨移动通信卫星网络必然是全球性的。如何实现在不同的国

---

[1] 指用于卫星之间通信的链路。

家间落地，除了在系统方案上的考量，利用互联网思维去开发更多应用级的场景也很有必要。此外，服务于 200 多个国家的低轨星座网络急需解决落地和跨境结算的问题。如果把当下的区块链技术结合到卫星运营领域，将碰撞出完全不一样的火花，这甚至比单单做一个星座收益更大。但话说回来，没有这样的空间基础设施，一切都将是镜中月、水中花，区块链本身只是一个工具，还需要依托现实的服务来衡量它的价值。

在这里也诞生了新的名词"CaaS"（Communication as a Settlement，通信即结算）。CaaS 将每一次数据交换都记录下来，并且以固定的数字货币形式完成交易。这种模式非常适合在不同国家、不同运营商、不同系统之间实现数据交易和结算，这将大幅降低卫星通信运营的成本。当然，这种区块链技术的落地需要以成熟合理的协议架构[1]为基础。

### 13.2.4 绿色发展：人类共同期许的长远未来

我们既要仰望星空，也要脚踏实地。工业革命以来，大气层中二氧化碳浓度曲线开始陡峭上升，气候变化引起了人们的警觉。你也许看过《后天》《流浪地球》《银翼杀手》等科幻电影，影片中，科技发展达到了新高度，但地球却不再宜居——人类只能生活在地下或其他人造的空间中，费力地挽救全人类的未来。透过电影、文学作品，人们越发清醒地意识到地球就像是浩瀚宇宙中一艘小小的飞船，而全人类是一条船上的命运共同体。难道社会发展与环境保

---

[1] 郭正标《B5G/6G 时代的卫星通信技术》。

护的矛盾注定难以调和吗？答案是否定的——绿色发展已成为全球共识。

美国环保协会发布的《商业和第四波环境浪潮》（Business and the Fourth Wave of Environmentalism）调查报告显示，技术正在推动经济增长和环境改善，而二者协调发展也正在成为企业竞争力的重要组成部分。与企业未来发展最为相关的技术分别是数据分析、自动化技术、共享技术、传感器、区块链、移动技术和非物质化技术。77%的受访者认为，区块链具有改善企业对环境影响的潜力。

我们已经知道，区块链技术最强大的用途之一是提供一个可靠、高效的平台，用于执行和记录交易，以及跟踪资产在多次结算时的所有权。利用区块链技术，分布式能源平台由各方共享，能源交易几乎可以立即记录和结算，无须中间人协调。更重要的是，一个条目包括反映契约条款的可执行计算机代码——创建一个智能合约，无须人工干预，自动验证事务，作为高效和可靠的共享交易平台可以应用于整个能源商品领域的实物和金融交易。

在一个已经由 BoT 实现了万物互联的时代，每一个物件所检测到的活动都能够被精准地计算出对应的碳排放量与碳汇量，通过区块链上设备之间的点对点交易快速实现碳汇与排放权之间的转换。链上智能合约能够让那些智能硬件仅在获得足额碳排放权的情况下驱动对应的生产活动，通过区块链分布式金融的手段也能够进一步实现绿色金融向全生产活动的赋能。而如此精细化的分布式碳汇交易，也能够借助区块链分布式商业的资源快速匹配性，以及透明可追溯性，成为全社会生产生活持续维持碳中和的基础设施。

在英国气象学家詹姆斯·洛夫洛克（James E. Lovelock）所提

出的盖亚假说中，地球是一个完整的有机生态，通过环境与生命的相互影响，地球的生态才得以存续。在数字化改革的持续推动下，人类正用着自己的智慧，通过创新的科技、创新的制度与共同的理想目标，用自己的方式去修复我们的地球。也许到了2035年，或者2135年，碳基生物早已遍布太空，但作为智人的发源地，地球的绿色与持续，才是人类文明得以延续的精神基石与永恒的牵挂。

## 第 14 章
# 全球协作的自进化科技：畅想2071年

## 14.1 边缘计算：万物皆有算力，万物皆连数据，设备的群体智能

### 14.1.1 边缘计算的定义

随着云计算的普及，"边缘计算"成为新的热点。那么，什么是边缘计算？边缘计算产业联盟（ECC）将边缘计算定义为：在靠

近物或数据源头的一侧，融合网络、计算、存储、应用核心能力的开放平台，就近提供边缘智能服务。

欧洲电信标准协会（ETSI）则对"移动边缘计算"这一概念界定如下：移动边缘计算（Multi-access Edge Computing，MEC）是在离移动用户端更近的位置，即在无线接入网中提供 IT 与云计算服务的功能。

其实，信息计算刚出现时的形态，就可以算作一种边缘计算——各个分散的节点负责软硬件的维护，以及数据的存储、计算和安全。然而，因为成本、弹性和扩展性等问题，现在重要的信息计算基本都由集中的云计算中心负责，即让集中的云计算中心来负责所有数据的存储、计算、安全，而终端只负责 I/O，即数据采集、输出和交互。目前，云计算已成为一个庞大的信息产业。

然而，没有什么技术架构是完美无缺的，云计算发展到今天也面临着不少瓶颈，需要新技术来突破。

第一，云计算无法满足爆发式的海量数据的计算需求。随着互联网与各个行业的融合，特别是在 IoT 普及后，计算需求出现爆发式增长。预计到 2025 年，将有 500 亿个设备连接到网络，传统云计算架构不能满足如此庞大的计算需求，短时间内扩容并不现实。

第二，云计算不能满足一些新兴的计算场景，特别是 IoT。云计算的做法是，数据被终端采集后传输汇集到集中式云计算中心，通过集群计算后再返回结果，因为有网络延迟，这个过程需要一定的时间，特别是在基于 4G 网络的移动互联网中。比如，实时语音翻译或无人车，对响应时间都有极高要求，依赖云计算并不现实。

第三，IoT 产生大量的"小数据"需要实时处理，这并不适用于云计算。互联网时代，云计算与大数据和人工智能是三位一体的，以至于有人曾预测未来各行各业其实就是在云端用人工智能处理大数据。然而互联网和移动互联网都是用户产生的数据，而 IoT 时代则有大量数据由机器产生，比如电表数据、环境监测数据等，有许多已不需要上传到云端进行处理，在终端或者网络边缘侧简单处理响应即可，或者说，不需要将原始数据上传到云端处理，在云端进行初步处理后再传到云端，从而避免带宽和存储量的浪费。

在这样的情况下，边缘计算应运而生。它的核心理念就是将数据的存储、传输、计算和安全交给边缘节点来处理。与云计算出现前的终端计算不同，边缘计算并不是让终端负责所有计算，而是在离终端更近的地方部署边缘平台，终端与之通信可以有多种形式，这样可以避免集中式云计算中心的网络延迟问题。

大量实时的需要交互的计算将在边缘节点完成，一些需要集中式处理的计算则继续交由大型云计算中心，如大数据挖掘、大规模学习则要集中式云计算中心才能完成，边缘计算与云计算分工协作，来满足 IoT 时代爆发式的计算需求。

就像从南京寄到上海的快递包裹，没有必要每次都送到北京的总部，我们可以将其送到江苏的集散中心，再运送到上海，这样就有效减少了北京总部的压力。该方式还有一个优势，解决时延问题。如果在离用户更近的地方有云计算中心，就可以把车联网之类的反馈数据进行快速运算，运算完之后再往下沉，直接反馈给其他用户。这样就解决了云计算的两个致命问题——数据量大和时延。

IDC 的数据显示，2020 年有超过 50%的数据需要在网络边缘侧分析、处理与存储，边缘计算市场规模将超万亿，成为与云计算平分秋色的新兴市场。互联网与云计算堪称天生一对，而物联网和边缘计算同样齐头并进。

由此可预见，在万物互联时代，边缘计算一定会爆发。

其实，边缘计算并非一个新词。内容分发网络（Content Delivery Network，CDN）和云服务提供商 AKAMAI，早在 2003 年就与 IBM 合作推出了边缘计算。作为世界上最大的分布式计算服务商之一，当时它承担了全球 15%～30%的网络流量。在该公司一份内部研究项目报告中即提出边缘计算的目的和解决问题，并通过 AKAMAI 与 IBM 在其 WebSphere 上提供基于边缘 Edge 的服务。

和云计算相比，边缘计算主要具有四个优势：

第一，灵活性，可以在不同阶段、不同区域和节点，在已有硬件基础上，灵活部署设备；

第二，高可靠性，在无网或网络不稳定的环境下可以进行独立计算和实时反馈，即使一个设备发生故障，也不会影响其他设备；

第三，高安全性，分布式架构天然加大了黑客攻击的难度，从而保护个人可识别信息免遭窃取和滥用；

第四，低延时性，边缘设备一般部署在更靠近数据处理的终端，能够就近传输、计算、存储、回传、加密和访问控制等，可更快响应需求并进行反馈。

对物联网而言，边缘计算技术取得突破，意味着许多控制将通过本地设备实现而无须交由云端，处理过程将在本地边缘计算层完成。这将大大提升处理效率，减轻云端的负荷。由于更加靠近用户，还可为用户提供更快的响应，将需求在边缘端解决。

边缘计算产业链的组成环节及各环节的作用：电信设备商提供服务器设备，电信运营商进行机房与网络建设，电信运营商和第三方服务商共同运营。

本质上，边缘计算节点就是个小型数据机房，与传统的 IDC 数据中心类似，同样依靠服务器、网关设备、温控及动环监控等设备来实现功能。差异之处在于，边缘计算的机房更小、更简单，其设备及技术要求也不一样。

第一，硬件方面。

传统 IDC 机房的服务器对静电、粉尘、电磁干扰等环境条件要求极高，而边缘计算服务器则需走出"温室"，能够抵抗户外的极端环境。

第二，软件方面。

目前软件主要由思科等国外巨头提供，如思科早已于 2011 年提出与边缘计算本质极为类似的雾计算概念并在北美及欧洲部分地区实现应用。国内能够参与的还不多，类似产品主要有华为 Liteos 等。

第三，机房环境方面。

由于边缘计算的机房规模较小，温度控制、机房承重、抗震及电磁兼容性都无法达到传统 IDC 机房的建设标准。因此，边缘计算机房对温控及动态环境监控设备的需求大增。

### 14.1.2 边缘计算的应用

但是,边缘计算要落地,"应用"才是最为核心的问题。那么,边缘计算到底能做什么?边缘计算解决了数据量和时延的问题,所以跟这两方面有关的很多应用都属于边缘计算的应用领域,比如室内定位、无线网络信息服务、视频优化、车联网、智能制造、AR/VR 等需要大数据量处理的任务。

正如边缘计算的定义不唯一,不同企业和机构对于边缘计算应用场景的分类也是不唯一的。根据不同评价维度,有多种分类方法:

开放数据中心标准促进委员会根据技术特性匹配度划分七大技术应用场景(5G、物联网、人工智能、工业互联网、车联网、内容分发网络和 AR/VR)和十五大业务应用场景(医疗、交通、金融、工业、教育、物流、城市、电力、安防、家居、楼宇、娱乐、餐饮、会展与农业)。

工业互联网产业联盟根据细分价值市场的维度分为电信运营商边缘计算、企业与物联网边缘计算和工业边缘计算;根据业务形态分为物联网、工业、智慧家庭、广域接入网络、边缘云和多接入边缘计算 MEC。

从目前来看,构成边缘计算主力军的主要包括以下几类企业(见图 14-1)。

首先是云计算巨头。这类企业以亚马逊、微软、谷歌、阿里巴巴、百度、腾讯为代表，凭借云时代的积累优势，其希望将触角延伸至边缘计算时代。

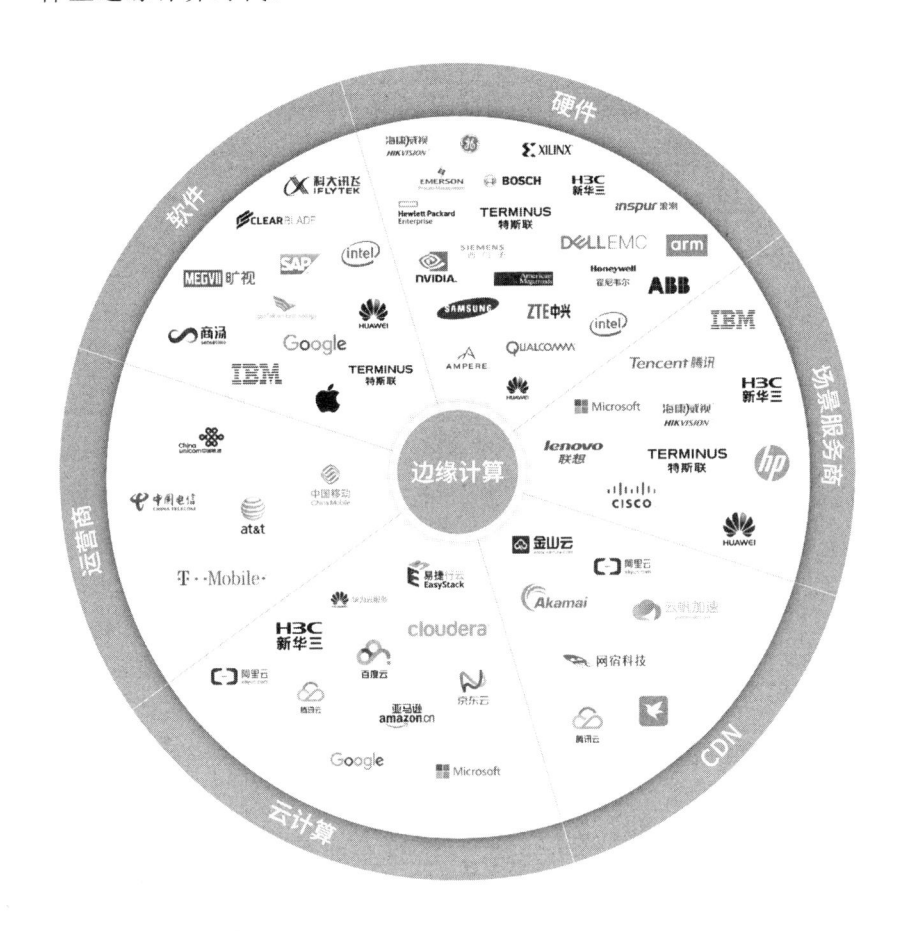

图 14-1　边缘计算领域全球企业生态图谱

云计算"老大"亚马逊可谓一马当先。早在 2017 年，亚马逊就推出了 AWS Greengrass，这是一个可以将亚马逊 AWS 服务扩展到终端设备上的服务。官方称，这一应用可以"在本地处理它们所生成的数据，同时仍然可以使用云来进行管理、数据分析和持久存储"。

同样具有优势的还有 CDN 企业。在全球流媒体、高清视频等内容行业的兴起过程中，CDN 企业也赚了个盆满钵盈。在技术上，CDN 可以说是边缘计算的萌芽。因此，如 Akamai、Azure、AWS、网宿科技等老牌企业正在利用本身传统的 CDN 节点，提供边缘侧计算服务。

作为 5G 的主要推动者，全球各地的运营商也是边缘计算的重要参与者。在 2019 年 5G 商用浪潮中，运营商纷纷开始部署 MEC，并从硬件、软件、行业标准、平台架构、场景需求、关键技术、基础设施建设等多个角度，对产业进行宏观上的整合，推动建立全球统一标准。

除此之外，还有硬件及芯片类企业。包括英伟达、英特尔、高通、华为等都先后推出了边缘 AI 芯片，应用在智能音箱、智能交通、VR/AR、车联网、智能制造等大量场景中。

具体而言，边缘计算具有下列应用场景。

### 1. 智能制造

在智能制造领域，工厂利用边缘计算智能网关进行本地数据采集，并进行数据过滤、清洗等实时处理。同时边缘计算还可以提供跨层协议转换的能力，实现碎片化工业网络的统一接入。一些工厂还在尝试利用虚拟化技术软件实现工业控制器，对产线机械臂进行集中协同控制，这是一种类似于通信领域软件定义网络中实现转控分离的机制，通过软件定义机械的方式实现机控分离。

### 2. 智慧城市

智慧城市，主要包括智慧楼宇、物流和视频监控等多个方面。

边缘计算可以实现对城市中运行参数的采集分析。例如，在城市路面检测中，在道路两侧路灯上安装传感器收集城市路面信息，检测空气质量、光照强度、噪音水平等环境数据，当路灯发生故障时能够及时反馈至维护人员。边缘计算还可以利用本地部署的 GPU 服务器，实现毫秒级的人脸识别、物体识别等智能图像分析。

### 3. 直播游戏

在直播游戏领域，边缘计算可以为 CDN 提供丰富的存储资源，并在更加靠近用户的位置发挥音视频的渲染作用，让云桌面、云游戏等新业务模式成为可能。特别是在 AR/VR 场景中，边缘计算的引入可以大幅降低 AR/VR 终端设备的复杂度，从而降低成本，促进整体产业的高速发展。

### 4. 车联网

车联网业务对时延的需求非常苛刻，边缘计算可以为防碰撞、编队等自动/辅助驾驶业务提供毫秒级的时延保证，同时可以在基站本地提供算力，支撑高精度地图的相关数据处理和分析，更好地支持视线盲区的预警业务。

除了上述垂直行业的应用场景，边缘计算还存在一种较为特殊的需求——本地专网。很多企业用户都希望运营商在园区本地提供分流能力，将企业自营业务的流量直接分流至企业本地的数据中心进行相应的业务处理。比如，在校园实现内网本地通信和课件共享，在企业园区分流至私有云实现本地 ERP 业务，在公共服务/政务园区提供医疗、图书馆等数据业务。在这一类应用场景中，运营商为客户的本地边缘计算业务提供了专线服务。

### 14.1.3 边缘计算的未来

越来越多的设备接入物联网，其产生和收集的数据呈指数级增长。与之相对，AI 的图像分析、语音语义识别、视频分析、自动化控制、人机交互等功能与物联网实现了更加深入的融合，成为推动产业互联网的重要帮手。

另外，随着 5G 的落地，未来将出现新一轮的数据爆发，会对 AI 算力提出更高的要求。OpenAI 的报告显示，最先进 AI 模型的计算量每三四个月翻一番，也就是每年增长 10 倍左右，比摩尔定律两年增长一倍的速度快得多。

Gartner 公司于 2019 年发布报告，认为边缘计算能够解决数字业务场景下云计算的延迟、带宽、自主性和隐私需求问题，其具体应用将由人、设备和业务之间的数字业务交互来定义，在未来拥有十分广阔的发展前景，超过 90% 的企业都将开启自身在边缘计算的独特应用，并将在未来发展成为一个颇具规模的行业。

比如全球著名的谷歌多伦多 Sidewalk 智慧城市项目，先通过将社区内环境、道路、建筑、空气、能源等各项数据全部智能化，再利用边缘能力进行自动化操作。还打造了专门为小型机器人移动的实用通道，区域自由散热和制冷系统，建筑物自动调节能耗与照明的平台等。

在中国，乘着智慧城市的热潮，人工智能和边缘计算的应用场景也越来越多。比如特斯联在社区领域的应用，通过终端智能、边缘智能、数据智能打造了全国首个"5G+AioT"智慧社区，在新零售领域利用自研的 Nanocell 数据模型和 Poseidon 边缘设备完成了智能化升级,并成功将边缘侧算力与智能机器人结合,打造出超级智能终端。

以场景为核心的发展思路正在凸显,这与技术和产品驱动路线并不矛盾,它们最终将会汇合。这也意味着,每一个企业都要面向场景打造自己的核心竞争力。比如思科、IBM 主打工业场景;谷歌致力于将 AlphaGo 的深度学习功能扩展到边缘侧;商汤以算法为主要优势,主要布局在视频采集和分析领域,等等。

随着 5G 商用落地,AI 技术的进一步渗透,物联网升级,越来越多的场景需要运用边缘计算,边缘计算何时才能全面进入成熟期?在不远的未来,我们就会得到答案。

## 14.2 代码自动化:自我升级的数字世界,代码自己写自己

### 14.2.1 数字机器人的定义

数字机器人(Robotic Process Automation,RPA)又称机器人流程自动化,是一种任何人都可以用来轻松实现数字任务自动化的软件技术。

软件用户使用 RPA 来创建拥有学习、模仿能力并基于规则执行业务流程的软件机器人。RPA 使用户可以通过观察人们的数字动作来创建机器人。用户只需向它们展示要做的工作,然后交给它们去做即可。

软件机器人可以像人们一样与任何应用程序或系统进行交互。不过，它可以全天候、不间断地运行，比人工快得多，并且具有更高的可靠性和准确性。

RPA 与人具有相同的数字技能，而且远不止于此。RPA 被视为可以与任何系统或应用程序进行交互的数字化劳动力。例如，它能够复制粘贴、抓取 Web 数据、进行计算、打开和移动文件、解析电子邮件、登录程序、连接到 API 及提取非结构化数据。并且，由于它可以适应任何界面或工作流，因此无须更改业务系统、应用程序或现有流程即可实现自动化。

RPA 易于设置、使用和共享。只要用户知道如何在手机上录制视频，就会知道如何配置 RPA。就像点击录制、播放和停止按钮，以及工作时使用拖放功能移动文件一样直观易用。此外，使用者可以安排、克隆、自定义和共享 RPA，以在整个组织中执行业务流程。

## 14.2.2 数字机器人的优势和数字员工的形成

数字机器人的目标是使符合某些适用性标准的基于桌面的业务流程和工作流程实现自动化，一般来说这些操作在很大程度上是重复的、数量比较多的，并且可以通过严格的规则和结果来定义。成功部署 RPA 可以带来以下好处。

（1）运营效率更高，节省时间并释放员工的能力；

（2）增强准确性、可审计性，监视、跟踪和控制业务流程的执行；

（3）可扩展且灵活的增强型"虚拟"员工队伍，能够快速响应业务需求；

（4）协作和创新的文化，使我们的业务和 IT 人员可以一起工作。

我们看到，因为各种信息技术的成熟应用，数字化转型正在从几年前简单的线下向线上迁移，演变为现在的集数字化、信息化、自动化、智能化等于一体的多元化转型，进入了数智化转型时代。

数智化，就是将云计算、人工智能、大数据等技术，融合应用于各大组织，让组织经营更加智能，让自动化效率更高。RPA 发展到今天，也正在向智能化方向高速发展。与人工智能、数据挖掘等技术融合后的 RPA，跟数字化转型发展的大方向是比较契合的。

从市场需求来说，广大企业的数字化转型需要智能化 RPA，它可以很好地助力广大中小企业的降本增效需求。当然，也有很多大型企业已将 RPA 解决方案作为必需，进而形成企业的数字员工队伍。

数字员工，就是使用数字工具或者数字平台进行创作和提供服务的人。通过这些数字工具，他们的工作效率能够有效提升。这种人与数字工具共同工作的状态，也可以看作人机协同。只不过尚属初级协同，并非全业务流程的绑定式协同，而且没有制造车间中协作机器人的那种高大上。

总结起来，数字化技术造就了数字平台，数字平台催生了与平台协同工作的数字员工，因此数字化技术直接造就了人机协同的工作方式。

RPA 能够代替人力去完成那些简单、重复及枯燥的工作，利用 RPA 自动化执行相关业务流程，就无须人们去做没有意义的复制与粘贴工作了。很多企业的办公环境都存在大量这类业务流程，可能原本需要几个人分担的工作，在应用 RPA 之后，只需要 1 个人就能完成。这种"人+RPA"的方式就是典型的人机协同，使用 RPA 的人就是数字员工。

相对人与数字平台的简单协同，人与 RPA 的协同更加直接与纯粹。未来随着 RPA 的大量应用，"人+RPA"的人机协同将会更多出现在企业中。

同时，RPA 这种数字化技术的发展与应用，也在推动很多新职业的诞生。如今，关于 RPA 的咨询师、培训师、架构师、工程师、产品经理等数字化职位，已成为招聘热门。作为人机协同技术，基于 RPA 的解决方案，可以快速高效地助力企业数字化转型，尤其适合预算不高的中小型企业。一定程度上，推动 RPA 的发展与应用，就能助力企业快速实现降本增效，进而通过业务流程自动化走上数字化转型之路。

## 14.3 数据智能：基于数据归纳的进化，数据中涌现的逻辑

### 14.3.1 数据智能的演变

我们正处于大数据和数字化转型的时代，数据无处不在。运用数据驱动的思想和策略在实践中逐渐成为共识，数据的价值已在科学研究和工商业等不同领域得到充分展现。然而，如果无法从数据

中提取出知识和信息并加以有效利用，数据本身并不能驱动和引领数字化转型取得成功。如何让数据发挥最大的价值？"数据智能"（Data Intelligence）应运而生。

数据智能是一个跨学科的研究领域，结合大规模数据处理、数据挖掘、机器学习、人机交互、可视化等多种技术，从数据中提炼、发掘、获取有揭示性和可操作性的信息，从而为人们在基于数据开展决策或执行任务时提供有效的智能支持。

如果将数据视为一种新的"石油"，那么数据智能就是"炼油厂"。数据智能通过分析数据获得价值，将原始数据加工为信息和知识，进而转化为决策或行动，其已成为推动数字化转型不可或缺的关键技术。数据智能的重要性越来越凸显，并在近年来取得了快速发展。

数据智能赋予我们探求数据空间中未知部分的能力，在不同领域中孕育出巨大的机会。众多基于互联网的新型业务，包括搜索引擎、电子商务及社交媒体应用等，从本质上来说都是建立和运作在数据智能基础上的。

数据智能正在重塑传统的商业分析及商业智能领域。根据Gartner的调研，一种新的"增强分析"的分析模式正在颠覆旧有方式，预计在几年内将成为商业智能系统采购的主导驱动力。这种"增强分析"模式由数据智能赋能，提供了自然语言查询和叙述、增强的数据准备、自动的高级分析、基于可视化的数据探索等多种核心能力。

那么，数据智能领域的技术进展如何？未来，数据智能的研究又有哪些热点？

## 14.3.2 数据智能的技术进展

数据智能相关的核心技术大致可以分为数据平台技术、数据整理技术、数据分析技术、数据交互技术、数据可视化技术等。与传统意义上的数据处理、数据分析相比，数据智能面临着更多新挑战、新问题。在解决这些问题的过程中，各种技术创新应运而生。

**大数据系统与平台**

为了支持大规模的数据处理与分析任务，全新的数据存储系统需要能够容纳和支持高效数据吞吐、高可伸缩性和高容错性。传统的数据库 OLTP 面向交易型需求而设计，无法满足大数据统计分析类的查询需求和应用。当前的大数据系统更加强调读写效率、数据容量及系统的可扩展性。具体来说，将数据分割成块，并将每块复制多份后分散到不同物理机器上存储，用冗余的数据块来减少因个别机器损坏对数据完整性的影响。数据的冗余保存不但提高了系统的可靠性，同时也提高了系统在数据读取时的并发性能。另外，为降低成本，现代的大数据系统通常运行在价格相对低廉的普通服务器上，这些机器通过高速网络连接，实现高效的数据传输。

处理和分析大数据涉及大量的计算，催生了分布式 NoSQL 数据处理系统。在计算模型上，MapReduce 的推出给大数据并行处理带来了革命性的影响，在 MapReduce 基础上进一步产生了新的计算模型 Spark，Spark 充分利用在内存中计算的优势，并且大大优化了由 MapReduce 中 Shuffle 所带来的效率问题。经过几年的发展，Spark 已经替代 MapReduce 成为业界最为重要的大数据处理框架，并且发展了非常丰富的应用生态。

此外，基于流（Streaming）的计算模型被开发出来以支持不断变化和更新的大数据应用。在流计算模型中，为了实现更实时的更新，每到达一个数据事件的时候就进行一次处理。Spark Streaming、Storm、Flink 都是比较流行的流计算平台。

在支持对大数据进行在线交互式的查询和分析方面，来自不同领域的技术正在快速融合，共同构建更加实时高效的大数据交互查询平台。以 ElasticSearch 为代表的一类技术，借鉴搜索系统的索引构架和技术，对大规模非结构化和半结构化数据进行分块、索引来支持快速查询。以 Spark Kylin 为代表的另一类技术则将传统的数据立方体技术推广到大数据领域，通过将预先计算的部分数据立方体缓存起来，从而大大提高运行时的查询速度。

随着技术的发展，对数据进行高语义级别的自动分析变得越来越重要。自动分析技术往往需要频繁计算在不同查询条件下的聚合结果，一个分析查询可能涉及成百上千次简单的聚合查询，这就对查询性能提出了更高的要求。为了解决这个问题，同时也考虑到大数据分析中绝大多数任务对数据完整性不太敏感这一特点，学术界又推出了 BlinkDB、BigIN4 等技术和系统，希望利用采样或者预计算得到的部分数据来对用户的查询结果进行估计，从而达到快速计算的目的。其中，BlinkDB 试图利用分层采用的方法来减少估计误差，而 BigIN4 则试图通过贝叶斯估计方法来优化用户查询的估计误差。

### 14.3.3　数据智能技术的未来热点

数据智能研究契合当今大数据时代各领域、各行业从数据中挖掘、实现价值，进行数字化转型的迫切需要，因而近年来得到了充分重视，因此发展迅速。随着数据智能在更多领域的落地和发展，新的应用和场景、新的问题和挑战将进一步激发和驱动数字智能研究保持强劲的发展势头，迈向更高的层次。展望未来，数据智能技术将朝着更自动、更智能、更可靠、更普适、更高效的方向继续发展。

**热点 1：从更高的语义理解水平进行分析**

为了更加智能地分析数据，需要对数据有更加丰富的语义理解。与知识图谱（Knowledge Base）不同，虽然数据分析中最常用的关系数据模型也是对实体和关系的建模，但是关系数据模型的建模是为了查询和存储性能而优化的，因此往往丢失了大量语义信息。如何引入领域型知识和常识型知识对于更好地理解数据至关重要。

如何从表格数据和其他容易获得的文本数据（如 Web 网页）中自动获取语义信息来增强和丰富表格数据，是一个需要研究的重要方向。比如，确定表格中行或列的实体类型（包括人名、地名、机构名等命名实体及时间、地址、货币等数据类型）。表格往往不具有文本中的丰富的上下文信息，因此表格中的实体识别不同于其他自然语言处理任务中的实体识别，更具挑战性。除了处理实体识别，数据表格中实体关系的挖掘和分析也至关重要。充分挖掘实体之间的关联关系，可以完成一些实体类型的推荐和回答数据分析的问题。

**热点 2：构造通用知识和模型的框架**

人类对知识和方法能够举一反三，触类旁通。具体到数据分析领域，分析中用到的知识和模型需要在不同数据对象和分析任务之间共享和迁移。在机器学习领域，人们已经开展了很多相关工作，也提出了一些方法，比如迁移学习、多任务学习、预学习模型等。要实现这个举一反三的目标，除了需要深入研究具体的机器学习算法，还需要从模型和知识的框架体系来思考，研究适合数据分析领域的通用知识和模型的原语体系，以及知识和模型迁移共享的统一框架。

**热点 3：建立高质量的训练数据集和基准测试数据集**

由于训练数据的缺乏，人工智能、深度学习等技术在数据智能领域的进一步应用遇到了很大的困难。正如 ImageNet 数据在计算机视觉领域的研究起到的显著的推动作用一样，数据智能领域的研究也亟须建立起一整套公用的大规模、高质量的训练数据集和基准测试数据集。一旦有了丰富的训练数据，数据智能领域的很多研究，诸如自动分析、自然语言交互、可视化推荐等，也都将取得突破性的进展。

**热点 4：提供具有可解释性的分析结果**

用户将不再满足于仅仅依赖黑盒式的智能，以及端到端作用于整个任务，而需要更细粒度的、有针对性的、更透明的数据智能。例如，数据智能用于财务审计系统中，准确推荐最有风险的交易记录进行优先审查，在最小化系统风险的前提下，最大化审计效率。在这类系统的研发中，需要构建可理解性强的模型。在推荐高风险交易记录的同时，尽量提供系统是依据哪部分信息、通过怎样的逻辑判断这是一条高风险交易的相关依据。这与过去通常使用的黑盒技术路线有了明显不同，数据智能将成为今后技术发展的一个趋势。

**热点 5：人类智能和机器智能更加紧密融合**

现有人工智能技术从本质上依然只是被动服从人类设定的既定逻辑然后自动运行，归根到底无法突破人类传授的学习框架，没有创造力。因此在可预见的未来，数据智能依然无法摆脱人与机器协作的模式，仍需要全面地总结人类在数据分析方面的智能和经验，以便转化为机器算法，系统化地集成到已有的智能系统当中。

**热点 6：强大的指导性分析成为主流**

数据分析的核心目标之一是指导行动，无论分析得多好，如果不采取行动，那么分析的价值就不会得到实质的体现，这就是指导性分析的重要价值所在。

例如，根据详尽的分析，数据智能预测某品牌在接下来一个季度的销量会下滑 10%。如果分析任务结束于此，那么数据智能便没有尽到全部的责任，人还需要根据后续分析结合自己的经验搞清楚怎样才能减少甚至避免潜在的销量下滑。相应的指导性分析可以是，如果想保持下季度销量不下滑，应该采取怎样的行动。指导性分析的结果可以是把某一类子产品的产量减少 20%，同时把另两类子产品的产量各增加 10%，等等。

现在的数据智能技术在给出指导性分析的同时，并没有具备足够解释性的模型，无法提供充足的依据，因而不足以让人类用户充分信任自动推荐的结果。提供具有更好解释性的指导性分析是发展趋势之一。

**热点 7：基于隐私保护的数据分析更加成熟完善**

通过从立法、技术到用户参与等全方位的共同努力，隐私保护将被进一步纳入未来的数据分析中。从技术层面，应该确保个人数据由数据主体控制如何收集、管理、处理和共享，并在整个生命周期得到保护，同时应开发并部署保护隐私的数据处理技术，以便在保护隐私的前提下，处理数据并获得想要的结果。

**热点 8：智能分析助手得到普及**

智能代理（Intelligent Agent）技术与数据分析技术的融合是一个重要的方向。在不久的将来，智能的数据分析助手将能够帮助人类更加高效地分析和利用数据。

这些数据分析智能助手通过自然语言对话的方式与人交流数据分析的任务和结果，理解分析的背景和上下文，可以完成人类交给它的特定数据分析任务（根据分析的语义层级不同，可分为基本分析命令和高级数据挖掘任务），也可以把具有商业价值的数据事实推荐给相关人类用户（如自动从数据中挖掘到的数据洞察），并对某些数据事件做出智能判断和适当反应（如自动对数据中需要注意的变化进行提示和警报）。这样的智能体还拥有一定的学习能力，能够通过与人类分析师的对话交流积累特定领域的知识，从而能够更加具有针对性地、更加智能地进行自动数据分析。

**热点 9：协作化的可视分析**

随着各种沟通工具的兴起和普及，协作化的可视分析会成为热点。不同于传统的面对面、小规模协作，新的协作分析往往是异步的和大规模的，人们在不同的时间和地点，使用不同的设备，对同一个数据进行可视分析。在此过程中，如何协调人们的协作？如何避免重复性的工作？如何保证不同人在不同的显示终端上看到的数据是一致的？如何共享各种信息？如何搭建一个高效的协作平台？这些都是需要解决的技术问题。

**热点 10：可视化将无所不在**

我们相信在更遥远的将来，数据可视化终将变得透明，就像文字和语音一样，广泛渗透到我们的日常生活中。为此，我们需要有三个方面的技术储备。

首先，可视化视图必须能够被快速地生产和消费。目前，多数可视化视图的生成离不开人的参与，但是，未来在人工智能的帮助下，可视化视图将能被大规模地、精确地生成，从而大大减少可视化创作的开销。

其次，要进行交互方式的变革。传统的基于键盘、鼠标的交互模式不是最自然的方式，各种人类更习惯的方式（如手势、笔纸、触控等）需要慢慢演化成更成熟的交互手段。

最后，需要普及显示设备。显示设备终将被集成到人们的生活中，无论穿戴式的、手持的，还是在人们日常生活的物品表面上的。只有当显示设备无处不在的时候，数据可视化才能真正变成一种基本的沟通方式。

未经许可，不得以任何方式复制或抄袭本书之部分或全部内容。
版权所有，侵权必究。

**图书在版编目（CIP）数据**

第四产业：Web3.0 与数字化未来 / 俞学劢等著. —北京：电子工业出版社，2022.6
ISBN 978-7-121-43361-0

Ⅰ.①第… Ⅱ.①俞… Ⅲ.①信息经济－经济发展－研究－中国 Ⅳ.①F492.3

中国版本图书馆 CIP 数据核字（2022）第 081546 号

责任编辑：黄　菲　　文字编辑：刘　甜
印　　刷：三河市鑫金马印装有限公司
装　　订：三河市鑫金马印装有限公司
出版发行：电子工业出版社
　　　　　北京市海淀区万寿路 173 信箱　　邮编：100036
开　　本：720×1 000　1/16　印张：17.5　字数：247 千字
版　　次：2022 年 6 月第 1 版
印　　次：2022 年 6 月第 1 次印刷
定　　价：78.00 元

凡所购买电子工业出版社图书有缺损问题，请向购买书店调换。若书店售缺，请与本社发行部联系，联系及邮购电话：（010）88254888，88258888。
质量投诉请发邮件至 zlts@phei.com.cn，盗版侵权举报请发邮件至 dbqq@phei.com.cn。
本书咨询联系方式：1024004410（QQ）。